C'EST MALIN

AURÉLIE

SAUGE, ENCENS ET AUTRES PLANTES MAGIQUES

LEDUC ÉSO

Cet ouvrage est dédié à toutes les femmes et les hommes qui, au fil des millénaires, se sont engagés dans une exploration patiente et passionnée du monde végétal, permettant que nous puissions aujourd'hui bénéficier de toute la générosité qu'offre ce règne.

C'EST MALIN

★ **DÉCOUVREZ LES AUTRES TITRES DE NOTRE COLLECTION ÉSOTÉRISME !** ★

Le b.a.-ba pour s'éveiller à la spiritualité au quotidien par nos auteurs experts.

- ★ Virginie Robert, *Mes rituels de guérison,* 2022.
- ★ Aurélie Aimé, *Je m'éveille à mon féminin puissant*, 2021.
- ★ Aurélie Aimé, *Je m'initie au pendule*, 2021.
- ★ Melanie Chereau, *Je découvre le chamanisme*, 2021.
- ★ Lila Rhiyourhi, *Je révèle mon magnétisme*, 2021.
- ★ Géraldyne Prévot-Gigant, *Je développe mon intuition*, 2021.
- ★ Mathilde Fouquet, *Devenez une sorcière*, 2020.
- ★ Valérie Robert, *J'harmonise mes chakras*, 2020.
- ★ François Vincensini, *Connaître son destin avec la numérologie*, 2020.

LEDUC ÉSO

De la même auteure, aux éditions Leduc :

Je m'éveille à mon féminin puissant, 2021

Je m'initie au pendule, 2021

Leduc s'engage pour une fabrication écoresponsable !

« Des livres pour mieux vivre », c'est la devise de notre maison. Et vivre mieux, c'est vivre en impactant positivement le monde qui nous entoure ! C'est pourquoi nous avons fait le choix de l'écoresponsabilité. Pour en savoir plus, rendez-vous sur notre site.

Édition : Hélène Meurice
Maquette : Laurie Baum
Illustrations : Adobe Stock
Correction : Agnès Duhamel
Couverture : Antartik
Illustration de couverture : Marie Ollier

10 place des Cinq-Martyrs-du-Lycée-Buffon
75015 Paris
ISBN : 979-10-285-2469-2
ISSN : 2425-4355

SOMMAIRE

Avertissements

- Les informations contenues dans cet ouvrage, notamment en ce qui concerne les encens thérapeutiques, ne sont pas destinées à fournir des conseils médicaux, ou à se substituer à la consultation d'un professionnel de la santé.
- Il ne faut pas sous-estimer la puissance des plantes. Renseignez-vous toujours de manière approfondie avant d'utiliser une plante ou une résine que vous ne connaissez pas. Aucune de celles présentées dans cet ouvrage n'est toxique au dosage normal.
- Votre vigilance est de mise en ce qui concerne la combustion de l'encens. Outre les risques d'incendie, toute fumée inhalée est dangereuse en grande quantité, et sans aération.
- L'encens peut noircir votre plafond s'il est systématiquement brûlé au même endroit. Placez-le donc le plus loin possible du plafond ou changez régulièrement d'emplacement…

INTRODUCTION

Je garde un souvenir impérissable des moments passés, enfant, sur les bancs de l'église arménienne. Les prêtres, drapés de fumées sacrées, opulentes senteurs de l'oliban et de la myrrhe, entonnaient des chants liturgiques envoûtants... Balançant leur encensoir dans toutes les directions, ils enveloppaient l'assemblée de volutes, et je me sentais alors reliée à la mémoire profonde de toute l'humanité...

Aujourd'hui, en Occident, l'encens évoque d'abord ces « bâtonnets » de toutes les couleurs, (souvent) chimiques, vendus pour parfumer notre intérieur. Pourtant, au fil des millénaires, le terme « encens » qualifiait des résines, l'oliban, le benjoin et la myrrhe, aux fonctions sacrées, et qui tenaient une place centrale dans de nombreux rites. Les premiers hommes éveillés, sensibles aux formes, aux couleurs, et aux énergies du monde, captaient déjà l'appel du mystérieux règne végétal, et ont eu l'intuition que la fumée émanant de la sève brûlée permettrait d'incorporer en soi ces énergies. Dans de nombreuses traditions, on considère que les volutes sacrées s'élevant jusqu'aux cieux symbolisent un pont entre ciel et terre, permettant d'adresser nos requêtes aux mondes subtils. Les fumées opèrent ainsi un mouvement ascendant, mais aussi descendant : s'intégrant en nous par les voies respiratoires, elles touchent notre corps, notre âme et notre esprit.

Sous-estime-t-on le pouvoir de ces volutes parfumées ? Les bienfaits thérapeutiques des résines sont connus depuis des millénaires dans l'ayurvéda, et reconnus depuis peu par l'ensemble du monde médical. Elles permettent de désinfecter l'habitat, de soigner certaines pathologies, mais aussi d'apaiser les maux de l'esprit.

L'oubli de cet héritage sacré en Occident est relativement récent. Mais de nombreuses cultures, notamment en Asie, ont continué à brûler des plantes lors de cérémonies et de rituels qui font partie intégrante de leur quotidien. Bien plus qu'un élément accessoire pour parfumer son habitat, l'encens peut donc être pour chacun le support grâce auquel opérera l'alchimie spirituelle.

Cet ouvrage vous propose de raviver cette tradition millénaire, véritable onguent pour le corps et l'âme. Vous y découvrirez l'étendue des richesses qu'offre le monde végétal lorsqu'il passe par le processus de combustion, une classification des encens et des plantes de fumigation, leur histoire infiniment riche, mais aussi comment faire vos propres bâtonnets, et les utiliser sur votre autel lors de rituels. Je vous souhaite une exploration riche de mille et une senteurs !

Chapitre 1

LA GRANDE HISTOIRE DE L'ENCENS

« Urak, notre guérisseuse, alla chercher son sac médecine qui contenait les herbes odorantes, les résines et les graines qu'elle avait soigneusement récoltées en été. Elle murmura des prières adressées aux ancêtres et aux esprits de la grotte. Puis elle jeta une poignée de ce mélange sur les pierres chaudes qui entouraient le feu. La fumée s'éleva et emplit la grotte d'une odeur mystérieuse qui se propagea. »

Suzanne Fischer-Rizzi

AU COIN DU FEU

L'histoire de l'encens, premier parfum de l'humanité, est intimement liée à la maîtrise du feu, qui remonte à quelque 400 000 années. Imaginez, à l'époque, les tribus réunies autour des flammes, rassemblant les hommes de leur force magnétique. Ils contaient, chantaient et dansaient auprès du souffle chaud, foyer vibrant de la communauté. Il suffisait que l'un d'eux jette dans le feu un morceau d'écorce, imprégné de riches résines aromatiques, pour que l'ambiance change. Les effluves sacrés modifiaient leur état de conscience... Ainsi l'encens était-il certainement l'un des premiers supports de communication avec le « monde d'en haut », établissant entre les hommes et les dieux cette communication verticale. Lors des rituels, la fumée transportait alors les souhaits d'une météo favorable, ou d'un bon jour de chasse, dans les sphères célestes...

Au cours de l'âge de pierre, les premières cultures chamaniques émergent. À l'époque, hommes et femmes-médecine classifient de manière plus précise les diverses essences, et leurs propriétés. En ces temps reculés, l'homme fait un avec la nature. C'est ainsi qu'à force d'expérimentations, au fil des millénaires et à mesure que son cerveau se développait, il apprit à distinguer les propriétés des plantes, les particularités aromatiques de leurs différentes parties, et les utilisa pour soigner, ou accéder aux états modifiés de conscience. Ainsi, ce savoir se développa et se transmit de génération en génération.

Puisque les effluves sacrés permettent de créer un pont entre les mondes, et d'envoyer leurs messages aux esprits, tout naturellement, ce geste multimillénaire est lié au culte des morts. Des fouilles menées dans l'Iraq actuelle ont mis au jour des tombes datant d'il y a 16 000 ans, dont les sols étaient couverts de plantes, probablement pour permettre aux défunts d'arriver à bon port dans l'au-delà. Pour beaucoup de peuples, l'encens offert aux défunts était considéré comme une substance capable d'entretenir dans le cadavre le principe vital et d'assurer ainsi aux morts la vie éternelle. Puis, quand les défunts furent déifiés, l'offrande de l'encens devint un acte d'hommage dont la fumée, agréable aux dieux, emportait aux cieux leur âme, en même temps que les prières des vivants.

LES CELTES, LE RÈGNE DE LA NATURE

Les Celtes sont un peuple très ancien et relativement mal connu. Ils s'établirent en un vaste empire qui couvre une bonne partie de l'Europe, de la Gaule, en Italie, en passant par les îles britanniques, et jusqu'en Turquie entre 4000 et 5000 avant J.-C. Leur spiritualité était riche et complexe, composée d'une myriade de dieux et de déesses, et indissociable de leur rapport à la nature, qu'ils savaient nimbée de magie. Ils avaient entre autres une connaissance extensive des plantes, dont ils faisaient commerce avec l'Orient, et vouaient un culte aux arbres. Entre autres essences, chênes et frênes étaient considérés comme sacrés, et honorés. Les messages sacrés des végétaux étaient transmis à l'homme par l'intermédiaire des druides, lors de fumigations rituelles. Brûler des plantes leur permettait d'entrer en relation avec d'autres mondes, et de recevoir le soutien des peuples de la nature. Une fois sédentarisés, les Celtes habitaient de grandes fermes perdues au milieu des forêts. La vie tournait autour du foyer de la maisonnée, dans lequel diverses essences étaient brûlées, de même que sur l'autel familial, sur lequel on faisait des offrandes. Les plantes utilisées lors de fumigations servaient pour soigner, mais aussi lors de rituels, le message secret des plantes se révélant lors de leur combustion. Comme pour de nombreuses cultures, la place des résines était centrale dans les cultes dédiés aux morts. On a retrouvé de précieuses substances odorantes – oliban, résines et petits bols à encens en terre – offertes par les Celtes à leurs défunts pour leur vie dans l'au-delà, dans des sépultures. Ces tombes datent de l'époque où les territoires celtes furent occupés par les Romains.

LES ÉGYPTIENS, PHARAONS PARFUMEURS

Le mot « encens », *sen netjer* en égyptien ancien, est assez évocateur, puisqu'il se traduit par « ce qui rend divin »... Sa fabrication était un acte sacré effectué lors d'un rite secret, durant lequel les pratiquants psalmodiaient des textes sacrés. Ce rite remplissait une fonction d'ordre et d'harmonie et chargeait ainsi les résines d'une force supplémentaire. Des recettes très complexes qu'utilisaient ceux que l'on considérait comme les plus grands parfumeurs de l'Antiquité, honorant leurs dieux, ont ainsi pu être reconstituées. Par exemple, lors de l'adoration du dieu soleil Râ, les Égyptiens brûlaient trois fois l'encens en son honneur tout au long de la journée.

Les Égyptiens de l'ère pharaonique (entre 4000 et 30 av J.-C.) accordaient donc une place centrale aux parfums, huiles aromatiques et encens. C'est à eux que l'on doit l'extraction de l'huile essentielle, et ils étaient par ailleurs de grands importateurs de substances aromatiques, centrales sur le plan spirituel et rituel, mais aussi pour la vie de tous les jours, sur le plan médicinal ou esthétique. Il était considéré que « les dieux aiment les parfums », aussi s'adonnaient-ils généreusement à la pratique, brûlant de l'encens dans chaque temple, mais aussi sur l'autel de chaque maisonnée. Du point de vue médical, les parties du corps malades étaient exposées aux fumées, et l'encens était supposé conduire les démons responsables de la maladie hors du corps.

Les arbres étant considérés comme sacrés, brûler leur résine devait permettre d'en transférer la force magique au sein des individus. Par ailleurs, placer des substances aromatiques dans les sépultures devait assurer la survie du défunt dans l'autre monde, l'encens étant même considéré comme le souffle de la vie éternelle. De façon remarquable, des scientifiques ont analysé l'air de chambres funéraires et retrouvé des résidus de parfums témoignant de cérémonies de fumigations s'étant tenues il y a plus de 2 500 ans. L'oliban et la myrrhe faisaient partie des essences préférées des Égyptiens, qui utilisaient aussi le bois de santal, la cannelle, le copal, etc.

LA ROUTE DES ENCENS

L'utilisation de l'encens à des fins sanitaires ou religieuses remonte à la haute Antiquité. En Chine, il y est mentionné dès 2000 ans av. J.-C. Son commerce était alors un enjeu économique majeur entre l'Orient et l'Occident, notamment au temps de la route de l'encens qui reliait l'Égypte au Yémen et à l'Inde sur plus de 2 000 kilomètres, et qui prospéra du IIIe siècle avant J.-C. au IIe siècle après J.-C.

La valeur de l'encens pouvait alors être équivalente, voire supérieure à celle de l'or. Romains et Grecs le considéraient comme extrêmement précieux, de même que les civilisations assyrienne et égyptienne, comme nous l'avons vu, qui l'utilisaient dans leurs cultes aux divinités. Plus tard, l'encens aura également une place prépondérante ou sein de la plupart des religions et traditions...

ENCENS ET MYTHOLOGIE GRECQUE

Dans ses *Métamorphoses*, Ovide rapporte que l'encens serait né de l'union du soleil et de Leucothoé, fille d'Orchamos, roi des Perses et suzerain du pays des aromates.
Aphrodite embrasa de désir l'astre afin de se venger de celui-ci, qui avait dévoilé ses nombreuses infidélités. Le roi des Perses, découvrant que Phoebus, le soleil, était devenu l'amant de sa fille, voulut la soustraire définitivement à cette passion. À la tombée du jour, il fit recouvrir la malheureuse de sable dans une fosse. Au matin, lors de son lever sur la terre, le soleil éperdu chercha Leucothoé ; quand enfin il la retrouva, il voulut la réchauffer de ses rayons, mais il était trop tard... Alors, désespéré, il répandit sur son corps inanimé un nectar divin, en faisant à son amante cette promesse : « Malgré tout, tu monteras au ciel. » Aussitôt jaillit du sol le premier arbre à encens. D'un corps promis à la décomposition, le dieu avait fait un aromate destiné à relier le ciel et la terre...

IL EST NÉ LE DIVIN ENCENS !

« Que ma prière devant toi s'élève comme un encens et mes mains, comme l'offrande du soir. »

Psaumes 140, 2.

On raconte que les Rois mages, venus de très loin pour rendre hommage au nouveau-né Jésus, déposèrent de grandes richesses à ses pieds : de l'or, de l'encens et de la myrrhe (Évangile selon saint Matthieu). Qu'est-ce qui vaut à l'encens (désignant autrefois la résine d'oliban), et à la myrrhe d'être ainsi présentés comme des attributs du divin, offerts au Christ aux côtés de l'or ? « Les arbres qui le produisent ont parfois été pris comme symboles du Christ. L'encens est donc chargé d'élever la prière vers le ciel et il est, en ce sens, un emblème de la fonction sacerdotale : c'est pourquoi l'un des Rois mages offre l'encens à l'Enfant-Jésus », peut-on lire dans *Dictionnaire des symboles**. L'oliban, tout comme la myrrhe, occupait ainsi une place centrale dans les rites anciens : les Hébreux se servaient par exemple de la myrrhe pour fabriquer l'huile d'onction sainte des prêtres. L'auteure Martine De Sauto souligne par ailleurs que « mélangée à du vin,

---

* Jean Chevalier et Alain Gheerbrant, *Dictionnaire des symboles*, Éditions Robert Laffont, coll. « Bouquins », 1997.

la myrrhe en augmentait la vertu euphorisante et, selon une coutume juive, ce breuvage était parfois proposé aux suppliciés pour atténuer leurs souffrances, ce qui fut justement le cas pour Jésus (Évangile selon saint Marc*) ». Elle servait aussi à embaumer les morts, et, notamment, la dépouille du Christ en aurait bénéficié (Évangile selon saint Jean).

L'encens est considéré comme premier parfum de l'humanité. Dans les Évangiles, il est question d'une femme qui aurait oint les pieds du Christ de nard, le plus précieux des parfums. L'affaire est ainsi relatée : « [Marie] prit une livre d'un parfum de nard pur de grand prix, en répandit sur les pieds de Jésus et lui essuya les pieds avec ses cheveux ; et la maison fut remplie de l'odeur du parfum. » Cette femme c'est Marie-Madeleine, sainte patronne des parfumeurs, si proche du Christ qu'elle aurait ensuite eu le privilège de voir son corps transsubstantié... Pas moins de cent soixante-dix mentions de l'encens sont faites dans la Bible. C'est dire son importance ! Il faudra toutefois attendre le XIIe siècle pour qu'apparaisse le mot « encens », utilisé par les prêtres en langue latine (*incensum*). À l'époque, le mot se réfère

* Source : site internet Aleteïa.

au bois que l'on enflamme à des fins de sacrifice ou de purification.

LE PARFUM DE DIEU

Il fut un temps lointain, dans l'Antiquité, sur le parvis du temple de Jérusalem, où le sacré avait une odeur précise, et qui donnait à percevoir directement la présence de Dieu. On retrouve la recette du premier de ces parfums mystérieux dans le livre de l'Exode : « Procure-toi aussi des aromates de première qualité : de la myrrhe fluide, cinq cents sicles ; du cinnamome aromatique, la moitié, soit deux cent cinquante ; du roseau aromatique, deux cent cinquante ; de la casse, cinq cents, en sicles du sanctuaire, avec un hîn d'huile d'olive. » (Exode 30, 23-24) Ainsi, les objets de culte doivent être oints de cette huile qui rend tout objet qu'elle touche saint. La recette d'un deuxième parfum réservé au culte suivit, cette fois-ci un mélange solide à brûler sur l'autel : « Procure-toi des essences parfumées : storax, ambre, galbanum parfumé, encens pur, en parties égales. Tu en feras un parfum mélangé, travail de parfumeur, salé, pur, sacré. » (Exode 30, 34-35[*])

→

* https://theconversation.com/le-parfum-de-dieu-dans-lantiquite-un-mystere-hors-de-portee-110629

Aussi, dans le Talmud de Jérusalem, on dit que, jusqu'à Jéricho, soit à 25 kilomètres du Temple, on pouvait sentir l'odeur de l'encens brûlé ! C'est dire le pouvoir de Dieu ! Les textes nous apprennent même que l'encens aurait été rapporté par Adam du jardin d'Éden... Une résine assurément divine !

L'ENCENS, AU CŒUR DU JUDAÏSME

« La fabrication du parfum sacré : Le seigneur dit à Moïse, procure-toi des substances odorantes, storax, onyx, galbanum. Ajoutes-y une quantité égale d'encens pur. Un parfumeur les mélangera avec du sel… »

L'Exode 30, 34-38

Les nombreuses références à l'encens dans l'Ancien Testament et dans le Talmud, l'un des textes fondateurs du judaïsme, démontrent que son emploi dans le rituel juif remonte à la nuit des temps. Il était en effet déjà employé dans le rituel judaïque au VIIe siècle avant notre ère, puis prit de l'ampleur, et conserve toujours une place centrale aujourd'hui.

LES FUMÉES PURIFICATRICES, PAR LE RABBIN GABRIEL HAGAI

Dans le judaïsme, on distingue deux types d'encens : *Qetoreth* et *Mughmar. Qetoreth,* qui vient du mot « fumée », était offert au temple de Jérusalem, où étaient pratiqués des sacrifices. Son usage était très codifié : dans cet encens sacré se trouvent nécessairement onze ingrédients précis, décrits dans la loi canonique juive. L'absence d'un ingrédient était considérée comme une profanation passible de mort. C'est dire l'importance de l'encens... ½ kilo (1 livre) d'encens était offert chaque jour : la moitié au lever du soleil, l'autre au coucher. 3 livres (1,5 kilo) supplémentaires étaient fabriquées pour Yom Kippour, le jour du grand pardon. Cette tradition a perduré jusqu'à la destruction du Temple par les Romains. L'encens profane se nomme quant à lui *Mughmar.* On place des mélanges de résines sur les braises pour parfumer la maison, le vendredi avant shabbat, ou la veille des fêtes, de manière que notre intérieur sente bon.

Symboliquement, on considère que la fumée monte au ciel, tout comme les prières, et purifie.

→

Cette force de purification est telle que, dans la mystique juive, le fait de réciter les passages de la Torah qui parlent de l'encens suffit à nous nettoyer de nos péchés*.

ISLAM, UN PARFUM DE PARADIS

En islam, l'encens n'a pas de rôle liturgique. Dans le Coran, les bonnes senteurs témoignent de la présence divine. En effet, le Paradis y est décrit comme un lieu de délices, un jardin rempli de plantes odorantes. Trois essences y sont mentionnées : le musk (*misk*), le camphre (*kafūr*) et l'herbe odorante (*rayḥān*).

Par ailleurs, dans les *ḥadīṯ-s*, qui rassemblent la tradition orale au sujet du Prophète Muḥammad et guident les croyants, les parfums sont associés à l'hygiène et aux ablutions. D'après la Tradition, le prophète appréciait être parfumé et réaliser des fumigations à base de résines aromatiques. Les parfums s'employaient sous différentes formes : fumigations, huiles ou eaux parfumées. Concernant plus précisément les fumigations d'encens, la tradition rapporte que le Prophète appréciait celles à base de bois

* Plus d'informations : lamaisondelapaix.com/gabriel-hagai/

d'agalloche (connu aussi sous le nom d'aloès) et de camphre. Mais si de l'encens est brûlé dans les mosquées ou au cours des mariages, c'est bien uniquement en tant que parfum, et non comme offrande, ni comme intermédiaire divin. Il est à noter que l'encens joua toutefois un rôle dans les rituels magiques à l'époque du Moyen Âge. Les fumigations entretiennent alors un rapport avec le surnaturel, notamment à travers la symbolique de la fumée s'élevant vers les cieux, évoquant un rapport avec un monde supérieur. L'emploi des encens est généralement lié, à cette période, aux brûle-parfums, des objets qui servent à parfumer la maison et employés lors des réceptions, utilisés dans toutes les couches de la société*.

BOUDDHISME ET HINDOUISME, LE GESTE DU QUOTIDIEN

Pour les bouddhistes et les hindouistes, l'encens établit traditionnellement un lien entre les vivants et les morts, ou, de façon globale, avec les êtres immatériels. Il sert non seulement dans le cadre de cérémonies initiatiques pour les moines, mais également lors de rites

* Source : https://eem.hypotheses.org/542#_ftn6

quotidiens du monastère et du clergé local. Chez les bouddhistes, l'encens est offert pour obtenir l'aide des bons esprits, et son emploi est à son apogée lors des festivals : des nuages denses emplissent alors l'atmosphère de leur mystère. Encens et parfums forment l'une des cinq offrandes sensorielles, qui est une des sept étapes d'adoration.

Quiconque voyage en Inde, berceau de l'hindouisme, sera marqué à jamais par l'odeur entêtante, si caractéristique, des parfums brûlés à chaque coin de rue. Pour ce peuple épris de spiritualité, l'emploi de l'encens est donc resté plus vivant que jamais. L'encens est traditionnellement utilisé en médecine ayurvédique : les plantes qui le composent ont, en fumigation, une action de rééquilibrage des différents centres vitaux (chakras), et jouent aussi sur la sphère psychologique. Chaque chakra peut ainsi être stimulé par une senteur particulière. L'encens est brûlé pendant les rituels religieux, pour établir un lien entre le monde terrestre et le divin. Dans les rituels hindous, l'encens est lié à l'élément Air. Dans le cadre du culte de Shiva, les brahmanes en brûlent quotidiennement devant sa représentation, tandis que du camphre est brûlé devant les représentations de Krishna.

CHAKRAS ET ENCENS

Dans l'hindouisme, les chakras font référence aux centres énergétiques localisés dans le corps humain. Selon cette conception, il y aurait sept chakras principaux et des milliers de chakras secondaires, et chacune de ces « roues d'énergie » peut être rééquilibrée grâce au soutien des encens. Voici quelques suggestions d'association à intégrer à vos temps de rituels.

Nom du chakra	Signification	Couleur	Encens associés
Chakra racine (Mūlādhāra)	Ancrage Puissance	Rouge	Gingembre Patchouli Bois de santal Myrrhe
Chakra sacré (Svādhiṣṭhāna)	Sexualité Équilibre émotionnel	Orange	Ylang Ylang Thé vert Bois de santal Palo santo Sauge blanche
Chakra du plexus solaire (Manipūra)	Conscience	Jaune	Osmanthus Cèdre Agrumes Palo santo Sauge blanche

→

Nom du chakra	Signification	Couleur	Encens associés
Chakra du cœur (Anāhata)	Amour inconditionnel	Vert	Rose Jasmin Oliban Myrrhe Benjoin
Chakra de la gorge (Viśuddha)	Communication Créativité	Bleu clair	Bois de santal Myrrhe Palo santo
Chakra du troisième œil (Ājñā)	Intuition Clairvoyance	Indigo	Jasmin Camomille Romarin Oliban Benjoin Élémi
Chakra couronne (Sahasrāra)	Spiritualité Connexion aux mondes supérieurs	Violet	Lavande Oliban Benjoin

PEUPLES TRADITIONNELS ET FUMIGATIONS

« Ce qui est essentiel n'est jamais perdu ; il est simplement endormi, et réapparaît au bon moment, souvent présenté comme quelque chose de "tout nouveau". »

Suzanne Fischer-Rizzi

Les peuples traditionnels ont tous eu recours à la fumigation, méthode ancestrale de purification teintée d'aspects énergétiques et religieux, aujourd'hui très en vogue dans les milieux spirituels en Occident. La purification consiste généralement en une prière accompagnée de la combustion de plantes sacrées, tels la sauge blanche, le foin d'odeur, le cèdre ou le tabac.

Les peuples autochtones utilisent des termes et expressions qui leur sont propres pour désigner la purification. On parle, par exemple, d'*atisamânihk* en langue crie (« processus de purification ») et de *nookwez* en langue ojibwée (« purification médicinale »). Bien que chaque nation autochtone ait sa propre approche spécifique des traditions de purification, on retrouve plusieurs enseignements communs d'une nation à l'autre. Par exemple, dans toutes les cérémonies, on utilise un récipient pour transporter les herbes médicinales : un contenant sacré, un coquillage, un fagot de purification... Les plantes choisies pour le rituel produisent une fumée qui aurait des vertus curatives et pourrait transmettre les prières du peuple au créateur. Généralement, les cendres produites par les herbes médicinales brûlées, plutôt que d'être jetées, sont enterrées à l'extérieur, symbolisant l'élimination et le recyclage de toute énergie négative de nos vies.

Chez les Amérindiens, les enseignements des quatre directions de la roue de médecine (nord-sud-est-ouest) occupent une place prépondérante dans les cérémonies de purification. Dans certaines cultures, les éléments sont associés dans différentes parties de la cérémonie : le feu lors de la combustion des herbes sacrées, la terre au travers des herbes elles-mêmes, l'air, symbolisé par la plume utilisée pour répandre la fumée ou par la fumée elle-même, et l'eau avec le récipient utilisé pour transporter les herbes, qui est souvent un coquillage.

RÉALISER SON PREMIER RITUEL AVEC DE L'ENCENS

Vous l'avez compris, brûler de l'encens est l'un des premiers gestes sacrés de l'humanité, toujours très pratiqué aujourd'hui au sein de sociétés qui ont su maintenir une spiritualité vivante. Commençons sans plus attendre à l'utiliser dans le cadre d'un rituel introductif.

Privilégiez pour cela un moment ou vous pourrez prendre le temps de l'apprécier pleinement. Réunissez le matériel nécessaire (voir p. 63) : votre contenant, encens, charbon, bougie, pince, plume, et allumettes. Si vous le souhaitez, mettez en fond sonore un morceau de musique qui vous apaise. Placez-vous à un endroit qui permette l'utilisation du feu sans risque (pas d'animaux ou d'enfants à proximité, pas d'objets facilement combustibles).

À l'aide de la pince, placez le charbon au-dessus de la flamme d'une bougie ou d'une allumette, attendez qu'il crépite avant de le glisser dans votre contenant. Puis utilisez votre plume pour ventiler délicatement le charbon, permettant ainsi que la chaleur du feu s'y répande uniformément. Vous verrez des flammèches ardentes progresser sur sa surface noire. Lorsque le charbon cesse de craqueler, vous pourrez déposer l'encens par-dessus, en petite quantité. Vous pouvez rajouter de l'encens petit à petit, à mesure qu'il se consume.

Immergez-vous dans cette pratique éminemment sensorielle : sentez le contact du charbon et du bol, écoutez les craquements des braises, observez et humez la fumée délicate… Laissez-vous enivrer par cet univers où les senteurs sont denses et transportent ailleurs. Chaque plante, chaque parfum a son message à délivrer. Laissez-vous traverser par les images ou émotions qui

→

pourraient émerger. Sentez comment votre état évolue, vers plus de quiétude, une détente corporelle, ou peut-être plus d'énergie ? Terminez le rituel en plongeant le charbon dans de l'eau.

Attention, veillez à ne pas jeter le charbon dans une corbeille à papier avant plusieurs heures. Celui-ci peut continuer sa combustion tout en ayant l'air éteint, même mouillé. Si vous décidez de l'éteindre à l'aide d'eau, utilisez votre pince pour récupérer le charbon, et ne versez pas d'eau directement dans le contenant, au risque de le faire éclater s'il est en céramique.

Chapitre 2

USAGES ET VERTUS

« L'encens est la résine du ciel. »

Chilam Balam Chumayel

QUELQUES DÉFINITIONS

Qu'est-ce que l'encens ?

Le terme « encens » évoquera peut-être pour certains d'entre vous les petits bâtonnets colorés à brûler. C'est en réalité un univers bien plus vaste et riche que celui que l'on imagine. À l'origine, l'encens (du latin *incendere*, « ce qui est brûlé », ou *incensus*, « causer une passion », « devenir éveillé ») désigne une gomme-résine aromatique, produite par un arbre, l'oliban, également appelé *Boswellia carterii*, qui ne pousse que dans quelques régions d'Afrique

(Soudan, Éthiopie, Yémen et Somalie). Extraite par incision de l'écorce, elle dégage son parfum par combustion. Par extension, on parle aussi plus largement des plantes de fumigation. Ce procédé ancestral est utilisé en herboristerie, ainsi que par de nombreuses civilisations et populations autochtones. Ainsi, dans les tribus amérindiennes de la côte sud-ouest des États-Unis, certaines herbes comme la sauge blanche étaient utilisées lors des cérémonies religieuses, des naissances et des décès pour purifier l'atmosphère et « nettoyer » une personne de toutes les ondes et les pensées négatives, mais également pour éloigner le mauvais œil. L'encens peut être brûlé afin de parfumer un lieu de culte, un habitat, mais aussi des vêtements ou des parties du corps humain (fumigations). De tout temps, l'homme a fait brûler du bois et des plantes, et ce, quelle que soit sa culture d'origine. Alors qu'en Occident cette tradition avait tendance à s'essouffler, depuis le XXe siècle la littérature occultiste autour des sorciers et wiccans a popularisé la combustion de substances aromatiques lors de rituels, issues de tout le monde végétal (écorces, graines, feuilles séchées...), et parfois d'origine animale (ambre gris, musc, blattes de Byzance, etc.). La fumée dégagée par ces matériaux contient des substances actives, jouant sur la sphère physique et émotionnelle.

L'importance de l'odorat

Pour l'homme de la préhistoire, l'odorat était un sens vital, qui lui permettait d'anticiper un danger, de capter l'approche d'un animal sauvage, mais également de distinguer les aliments sains de ceux non comestibles. Comme le relate Suzanne Fischer-Rizzi : « Quand on étudie l'évolution de l'homme, on constate que l'odorat est l'une de ses plus vieilles facultés sensorielles. La zone du cerveau qui est à l'origine de la pensée (cortex) s'est en effet développée postérieurement à celle qui abrite le centre olfactif (située dans le système limbique*). » Il en est toujours ainsi chez l'homme contemporain, pour lequel l'odorat a une place prépondérante parmi tous les sens. Il est le seul à demeurer en état de vigilance au cœur du sommeil profond, au cas où un danger se présenterait, et nous relie ainsi à notre part animale. La muqueuse olfactive humaine s'étend sur quelques centimètres

* Suzanne Fischer-Rizzi, *Le Guide de l'encens*, Éditions Alliance magique, 2022.

carrés seulement (entre deux et cinq). Et pourtant, contrairement à une idée reçue, notre odorat serait tout aussi performant que celui du chien ! D'après une étude de l'université Rutgers aux États-Unis*, le bulbe olfactif humain, qui signale l'odeur aux autres zones du cerveau, communique avec un nombre de neurones similaire à bon nombre d'autres animaux. L'homme est ainsi capable de distinguer environ mille milliards d'odeurs !

UNE PRATIQUE EMPREINTE DE SYMBOLES

Le symbolisme de l'encens a trait par extension à celui du parfum, de la fumée, et des résines incorruptibles (ou plantes) qui servent à le préparer. L'une des racines du mot « parfum » provient d'ailleurs du latin *per fumum*, qui signifie « grâce à la fumée ». Comme le partagent Jean Chevalier et Alain Gheerbrant dans leur *Dictionnaire des symboles* : « L'usage de l'encensement, qui est universel, a partout la même valeur symbolique : il associe l'homme

* https://www.science.org/doi/10.1126/science.aam7263

à la divinité, le fini à l'infini, le mortel à l'immortel*. » Dans de nombreuses traditions, la fumée s'élevant vers l'ailleurs est un véhicule permettant notamment la transmission de messages. Aussi, du fait de cette fonction, on peut facilement faire un parallèle entre l'encens et la fumée du tabac chez les Amérindiens (qui invite la présence divine à présider les rituels), ou celle du bûcher funéraire de nombreuses traditions, avec sa fumée emportant avec elle l'âme du défunt. En Amérique centrale, la fumée de l'encens est associée au nuage, et ces deux mots sont d'ailleurs apparentés dans leur langue. Ainsi le faiseur de pluie élève-t-il vers le ciel des nuages de fumée dans l'idée d'une magie imitative. On retrouve aussi dans ce geste millénaire le symbole des quatre éléments : le feu avec la braise du charbon et la flamme des allumettes, l'air avec la fumée, la terre du fait de l'origine végétale des ingrédients brûlés, et l'eau par la liquéfaction des résines sur la braise. Ainsi, dans l'hindouisme, l'encens est associé à l'élément air, et représente « la perception de la conscience qui y est partout présente ». De même, on peut voir dans le parfum qui se dégage de la combustion une rencontre entre un

* Jean Chevalier et Alain Gheerbrant, *Dictionnaire des symboles, op. cit.*

archétype féminin – le monde des plantes – et un archétype masculin – le feu. À eux deux, ils viennent ensemencer le monde manifesté pour faire naître une nouvelle réalité, en adéquation avec la magie que porte la plante, et l'intention du magicien.

UNE VIE AUX CÔTÉS DES SENTEURS, AVEC VALÉRIE DEMARS

Valérie Demars est la fondatrice d'Aimée de Mars, qui propose des parfums et des bougies créés selon le concept de l'aromaparfumerie, réunissant l'aromathérapie, la parfumerie et l'olfactothérapie. Clairsentante, elle a toujours été accompagnée par les senteurs de manière surprenante au cours de sa vie… Voici son histoire.

« Mes premières expériences olfactives ont eu lieu lorsque j'avais 12 ans. Dans le jardin de ma grand-mère, prénommée Aimée, se trouvaient des roses, du muguet, du lilas et une sorte de petit sapin très odorant. Agricultrice, elle soignait ses bêtes avec les plantes, et en utilisant l'énergie de ses mains. Parfois, je la voyais manier flacons et plantes pour réaliser des breuvages… Ce mystère m'a plu et m'a donné envie d'explorer le monde généreux des senteurs. Plus tard, j'ai compris qu'elle était guérisseuse. Elle m'a offert un très beau cadeau en m'enseignant ce lien sacré aux plantes et à la nature, mais aussi l'amour inconditionnel.

Je me souviens aussi que dès que j'entrais dans une église dans laquelle de l'encens brûlait, j'étais bouleversée, et immédiatement transportée ailleurs. Mon cœur était chargé d'émotions, les larmes me montaient aux yeux. Si à l'époque je ne comprenais pas ce qui se passait, je sais maintenant que l'encens modifiait mon état de conscience, me permettant de toucher cet état de grâce. J'ai eu un jour la chance d'aller en Égypte, et, là-bas, j'ai encore une fois pu comprendre la puissance des parfums que les Égyptiens – les premiers parfumeurs – utilisaient pour communiquer avec les dieux. L'odeur des temples, des tombes et des souks a réveillé une vieille mémoire en moi, quelque chose de familier et une sensation de « déjà vu » très forte : je pense que j'ai dû être prêtre-parfumeur en Égypte dans une autre vie....

Il y a 10 ans, un événement m'a rappelé mon rêve d'enfant et m'a remise sur le chemin de la parfumerie. J'ai eu un souci d'oreille, et perdu l'ouïe du côté gauche. Cela m'a permis de développer ma clairsentance, ce lien avec le monde subtil par le biais de l'odorat que j'avais déjà pu entrevoir à l'âge de 30 ans. À l'époque,

→

alors que j'étais dans un jardin sans fleurs, j'ai soudainement senti une odeur extraordinaire... Dans un même temps, un pur bien-être et un sentiment de paix et de béatitude m'a envahie. L'expérience s'est reproduite à deux reprises, et j'ai compris que c'était le parfum d'un ange : une fragrance lumineuse, douce, claire, et violette. J'ai ensuite cherché à retrouver cette odeur, et j'en ai fait un parfum 100 % naturel nommé Doux saphir.

J'ai aujourd'hui quitté le monde des cosmétiques pour me consacrer entièrement à la parfumerie. Désormais, lorsque je crée une nouvelle fragrance, les matières viennent à moi « spontanément », je les canalise par des moyens inhabituels : des images, des parfums, des noms me viennent, ou quelqu'un évoque une senteur particulière... J'écoute ces messages jusqu'à ce que la parfaite association soit trouvée. Lorsque je suis dans ce processus, j'ai l'impression que la structure du temps se modifie, se dilate... Les parfums, c'est ma mission de vie que j'accepte avec humilité. »

LES MULTIPLES FONCTIONS DE L'ENCENS

Parfumer et assainir l'air ambiant

La question des fragrances que nous utilisons pour parfumer nos intérieurs peut paraître accessoire, et pourtant... L'encens fut le premier parfum de l'humanité, utilisé dès la sédentarisation humaine au sein des foyers domestiques : il fut un temps où il servait à parfumer l'air ambiant, mais aussi vêtements et cheveux. Aujourd'hui, nous sommes nombreux à nous exposer au quotidien à des senteurs, devenues artificielles, qu'il s'agisse de parfums corporels, diffuseurs pour la maison, la voiture... Mais depuis quelques années, la recherche de fragrances plus naturelles et non toxiques est manifeste, comme en témoigne par exemple l'intérêt croissant pour les huiles essentielles. Ainsi, l'huile essentielle d'encens est aujourd'hui utilisée par des parfumeurs qui ont à cœur de proposer des produits sans additifs dangereux pour notre santé. « Notre sens de l'odorat, longtemps maltraité avec des odeurs industrielles nauséabondes, s'éveille de nouveau. Le monde scientifique découvre l'importance de l'odorat dans la vie humaine* », résume Suzanne Fischer-Rizzi. À condition de ne pas en abuser, l'encens est un produit de choix et avec un « supplément d'âme », pour habiller nos habitats de quelques notes parfumées, et installer une ambiance ajustée à nos envies du moment.

Mais, au-delà du plaisir des sens, la fumigation a été très utilisée au cours de l'histoire pour assainir l'air ambiant. « La myrrhe était brûlée dans la maison, car elle permettait de désinfecter l'habitat. Au Moyen-Orient pendant très longtemps, les femmes passaient le linge de la maison avec ses fumées, pour le désinfecter », m'apprend dans un entretien Vincent Lauvergne, chercheur en ésotérisme, auteur et conférencier. De même, à l'époque des grandes épidémies, lorsqu'un village était atteint par une maladie contagieuse, on recommandait aux gens de fermer toutes les ouvertures de leur demeure, de faire brûler de la sauge afin de fumiger tout l'intérieur de la maison. Cette plante a la particularité de dégager une fumée très dense et très collante qui, lorsqu'elle est chaude, s'élève au plafond et, lorsqu'elle refroidit, redescend vers le sol. Elle capte au passage

* Suzanne Fischer-Rizzi, *Le Guide de l'encens, op. cit.*

tous les agents infectieux. Il ne restait alors plus qu'à laver les surfaces et le plancher à grandes eaux. À la lueur des connaissances actuelles, on comprend mieux aujourd'hui l'intérêt de ce type de pratiques.

PURIFICATION DE L'AIR : L'ENCENS À L'ÉPREUVE DE LA SCIENCE

Jusqu'à mille huit cents types différents de micro-organismes circulent dans l'air, dont de nombreuses souches bactériennes pathogènes et résistantes, pouvant causer des maladies nosocomiales et pathogènes opportunistes. Une étude menée en Inde* a pu prouver les effets d'assainissement de l'air ambiant dans un espace confiné, obtenus grâce à l'encens. Il en ressort qu'une heure de fumigation par combustion d'un mélange de bois et d'herbes médicinales et odoriférantes (appelé *havan samagri*, très courant en Inde pour de nombreux rituels de purification), entraînait une réduction de 94 % de la population bactérienne aérienne durant au moins 24 heures, évitant ainsi que nous attrapions certaines maladies.

→

* https://pubmed.ncbi.nlm.nih.gov/17913417/

Il a aussi été démontré que cette fumée capte au passage de grandes quantités d'ions positifs. Or, on sait qu'un air saturé d'ions positifs est délétère pour la santé, tandis qu'une atmosphère riche en ions négatifs (comme au bord de la mer ou à la montagne) est au contraire très bénéfique, entre autres pour les voies respiratoires, le système immunitaire et l'équilibre psychique. Peut-être y a-t-il là une corrélation entre la prévalence d'ions négatifs liés aux combustions, et les bienfaits énergétiques associés ?...

Nous relier au monde naturel

Brûler une plante ou une résine n'a rien d'anodin : par ce rituel, vous vous reliez à son esprit, à sa puissance et à ses qualités. Le geste qui consiste à brûler de l'encens nous relie à des archétypes immémoriaux, des sphères célestes aux mystères du monde végétal. Nombreux sont les peuples d'hier et d'aujourd'hui qui considèrent que les plantes sont habitées par des entités ou esprits, et que nous nous relions à eux lors des fumigations. En nous emplissant de ces effluves avec conscience, nous sommes initiés aux secrets du monde végétal. Comme le constate Suzanne Fischer-Rizzi : « De nos jours, après une journée de travail, nous sommes toujours assis devant une source de lumière mais il ne s'agit plus d'un feu crépitant et odorant : nous l'avons remplacé par la pâle lumière cathodique et inodore de la télévision. Nous avons coupé le lien salutaire avec le feu et la nature environnante*. » Il est devenu impérieux de renouer avec le monde vivant, et cela peut se faire en perpétuant ce geste millénaire.

Soigner

Les maux du corps

Les fumigations à des fins thérapeutiques remontent à des millénaires, et si elles ont perduré jusqu'au Moyen Âge en Europe, elles sont toujours utilisées dans de nombreux pays du monde aujourd'hui. L'encens était entre autres brûlé dans le cas de maladies respiratoires, pour faciliter l'accouchement, calmer les rhumatismes, les troubles du sommeil...

Aujourd'hui, en Occident, le monde médical ne prête plus d'action thérapeutique aux résines

* Suzanne Fischer-Rizzi, *Le Guide de l'encens, op. cit.*

comburées puisque leur concentration en principes actifs est insuffisante. Toutefois, l'encens ingéré sous forme de résine, en comprimés ou en huiles essentielles, intéresse les chercheurs du fait de ses nombreuses propriétés. C'est en particulier le cas de la résine prélevé sur le *Boswellia* (mieux connu sous le nom d'« encens oliban »). En Inde, les traités de médecine ayurvédique lui accordent déjà une place centrale depuis des millénaires, et ce fut aussi le cas pour les Grecs et les Romains, tandis que dans l'Égypte antique, on utilisait l'oliban pour soigner les maladies pulmonaires et hépatiques. En Occident, dès la fin du XXe siècle, les chercheurs ont pu mettre en évidence certains des principes de la résine de *Boswellia sacra* et *carterii.* Entre autres propriétés, ces encens sont anti-inflammatoires, et aident à lutter contre les maladies rhumatismales. Ils pourraient aussi se révéler précieux dans la lutte contre certaines formes de cancers. Sous forme d'huiles essentielles, d'autres vertus thérapeutiques sont mentionnées : anti-infectieux des voies respiratoires, des douleurs articulaires et musculaires, antidépressif, aide au fonctionnement du système digestif, prévention des crises d'asthme... En usage externe, l'encens est prescrit pour les problèmes d'acné, les infections fongiques et les furoncles. Par ailleurs, si l'oliban et la myrrhe ont été utilisés en synergie depuis 1500 avant J.-C., aucune étude n'avait été menée jusqu'à aujourd'hui pour démontrer leur action complémentaire. Des recherches menées en Afrique du Sud – à la Witwatersrand University – avaient pour vocation de prouver l'augmentation de l'efficacité contre une sélection de pathogènes (*Staphylococcus aureus, Bacillus cereus, Pseudomonas aeruginosa*...). Plusieurs combinaisons de *Boswellia* et myrrhe ont été testées, et, à l'issue de l'expérience, 52,8 % des combinaisons effectuées avaient une action positive plus marquée par rapport à une utilisation isolée[*].

COMPRIMÉS, HUILES ESSENTIELLES... : L'ENCENS EN NATUROPATHIE

Puisque les fumigations altèrent les propriétés de l'encens, si vous souhaitez l'utiliser à des fins thérapeutiques, il est préférable d'opter pour de la poudre, des gélules, ou des huiles essentielles.

→

* Sources et liens vers les études : www.cairn.info/revue-hegel-2016-4-page-388.htm
www.encens-naturel.eu/encens-proprietes-medicinales

En botanique, le genre *Boswellia* regroupe une vingtaine d'espèces d'arbres. Parmi les plus connues figurent le *Boswellia dalzielii*, le *Boswellia sacra* ou encore le *Boswellia serrata*. Lorsqu'il est question du *Boswellia* en phytothérapie, on désigne plus particulièrement le *Boswellia serrata*, qui vient d'Inde : c'est un puissant anti-inflammatoire et antidouleur naturel.
Et la physionomie de l'arbre nous donne déjà quelques indices sur ses propriétés : *Boswellia* est un arbre tortueux qui apprécie les sols sableux et secs des régions désertiques. D'une grande résistance, il ne craint pas la sécheresse ni la chaleur. C'est un vrai champion de la survie !... Ses principes se trouvent dans la résine utilisée en ayurvéda, qui en Inde porte le nom de *Salai guggul*, lorsqu'elle est utilisée seule, ou d'*Olibanum indio*, lorsqu'elle est associée à d'autres plantes indiennes comme le curcuma, par exemple. Aujourd'hui, la résine de *Boswellia* est considérée comme l'un des plus puissants anti-inflammatoires naturels, aux côtés du curcuma (avec lequel elle s'associe parfaitement), du gingembre ou du moringa. L'extrait de résine de *Boswellia* est le plus souvent proposé sous forme de comprimés ou de gélules, dont la concentration en acides boswelliques doit être suffisamment élevée (au moins 70 % d'acides boswelliques).

Vous pouvez aussi la trouver en poudre, à mélanger à de l'eau, à du jus de fruits ou à un yaourt. Enfin, sous forme d'huile essentielle, le *Boswellia* ne se consomme pas par voie interne : il s'utilise uniquement en application cutanée et dilué dans une huile végétale pour ses propriétés cicatrisantes et régénérantes, ou en diffusion atmosphérique. Sous forme de combustion, son action touchera plutôt le plan psychique et visera l'assainissement : il calme le mental, purifie l'atmosphère et dégage les voies respiratoires. Par précaution, l'encens est déconseillé aux femmes enceintes et aux jeunes enfants. Consulter quoi qu'il advienne un professionnel de santé avant de l'utiliser.

Les maux de l'esprit

Les parfums nous influencent et nous guident bien plus que ce que notre conscience nous laisse présager. Ils sont intimement liés à notre perception et à notre corps émotionnel, comme le décrivait déjà Plutarque, lorsqu'il parlait des effets du *kyphi* (encens égyptien) dans ses *Œuvres morales* : « Il s'en exhale une vapeur suave et profitable, qui change les conditions de l'air. Cette vapeur s'insinuant dans le corps au moyen du souffle, le berce d'une manière douce et insensible, l'invite au sommeil, et répand autour de lui une influence délicieuse. Les soucis journaliers, qui sont comme autant de chaînes si pénibles, perdent de leur douleur et de leur intensité ; ils s'affaiblissent et se relâchent, sans le secours de l'ivresse... De cette manière se charment et s'adoucissent les troubles et les désordres de l'âme. » Les senteurs que dégage l'encens vont donc bien au-delà d'un simple envoûtement olfactif : elles exercent leur impact plus subtil sur nos émotions et sur nos états vibratoires. Lorsque l'on brûle l'encens, les molécules odorantes déclenchent en effet un signal que le nerf olfactif va transmettre au cerveau limbique, siège des émotions. C'est ce qui permet de comprendre leur impact sur nos sentiments et nos états d'âme. Mais ces molécules agissent aussi sur notre système neurovégétatif et sur la régulation de nos hormones. L'encens influe donc directement sur notre perception du monde, ce qui explique l'effet que produisent ces senteurs parfumées sur nos émotions, nos sentiments, nos états d'âme, et la résonance que cela exerce sur notre psychisme.

Des études ont par exemple démontré l'efficacité des plantes de la famille des Burséracées pour soulager anxiété et dépression. « Par sa grande composition en terpènes, l'encens a une action endocrinostimulante forte et corticomimétique, ce qui lui confère un rôle anxiolytique, rééquilibrant et revitalisant. Il est particulièrement utile lors des affaiblissements du système immunitaire. De plus, il est le seul à contenir un diterpénol appelé incensol qui a une action régulatrice sur plusieurs hormones ; cette molécule apporte force et sérénité* », peut-on lire dans un article de Valérie Demars et Thibaut Bégier.

Développer son état de conscience

De nombreuses plantes ont des effets sur notre psyché, qui peuvent aller de la détente à des états de conscience modifiés. L'alchimiste Vincent Lauvergne prévient : « Tout comme avec une tisane, ces molécules jouent sur le cerveau, d'où l'importance de choisir l'encens avec soin. Certaines plantes peuvent amener à des états modifiés de conscience ; l'oliban contient par exemple du THC, une molécule

* https://www.cairn.info/revue-hegel-2016-4-page-388.htm

que l'on retrouve dans le cannabis*. » Sous la forme de fumigations, elles peuvent contribuer à développer notre intuition, et même nous permettre de faire des rêves intenses et initiatiques. Déjà, les Égyptiens avaient identifié ces propriétés psychoactives, et procédaient à des fumigations pour se mettre en état de transe, et avoir des visions prophétiques. Parmi les plantes qu'ils utilisaient, on trouve le lotus bleu, le coquelicot, l'oliban...

L'armoise, surnommée « herbe à rêves », est elle aussi une plante qui nous relie à des plans supérieurs, associée à la pratique de la magie en Angleterre depuis la période anglo-saxonne. Ses feuilles séchées (en fumigation ou bues sous forme de thé), peut-être en raison de leur teneur en thuyone, auraient un effet « onirogène », utilisé par certains pour favoriser le rêve lucide. La combustion d'armoise avant de dormir pourrait intensifier les rêves ou leur contrôle, et aider à s'en souvenir. Dans certaines traditions européennes, des brins de cette plante sont placés sous l'oreiller pour provoquer des nuits intenses en rêves prophétiques. Il en serait de même pour la noix de muscade, qui à haute

* Vincent Lauvergne, *Traité des encens et des condensateurs fluidiques,* Éditions Trajectoire, 2018.

dose, est hallucinogène. Plusieurs substances sont impliquées dans cet effet, la principale étant la myristicine, qui compte pour environ 1,3 % de la noix crue. Des recherches laissent penser que cela pourrait provenir de la transformation dans le foie de cette molécule en MMDA, une amphétamine « psychédélique ». À brûler à doses raisonnables, donc !... Enfin, entre autres plantes, les fleurs de nénuphar ainsi que le lierre contiendraient eux aussi des substances psychoactives.

Créer

On pense rarement à l'odorat comme un sens permettant de nourrir notre créativité. Pourtant, tout comme les stimulations visuelles ou sonores, les stimulations olfactives peuvent être un véhicule pour voyager au sein de notre univers créatif intérieur. En témoigne notre mémoire, riche de mille et une senteurs glanées au fil de notre histoire : celles d'un gâteau chaud préparé par notre grand-mère, l'odeur de la terre après une pluie d'été, de l'encens brûlé à l'église, le parfum de quelqu'un qu'on aime... Que seraient les images et les sons sans les senteurs, véritable liant du souvenir, qui le rend si intime et chargé d'émotions ? Il est d'ailleurs étonnant de noter que le mot « inspirer » est à double sens : on peut l'entendre comme souffle créateur qui anime les artistes, et comme le fait de faire entrer l'air dans nos poumons. Lorsqu'il s'agit d'encens, nous inspirons ces molécules actives, nous les prenons en nous. Elles agissent sur notre état d'être, et nous inspirent. Certaines plantes, lorsqu'elles sont brûlées, agissent sur un plan émotionnel et énergétique et favorisent donc cette reconnexion profonde à soi, nécessaire à la créativité.

Ritualiser

Chaque encens, chaque parfum est un univers à lui seul, qui vibre avec une longueur d'onde unique, une fréquence subtile en relation à une émotion, un plan de conscience, un sujet particulier en fonction de notre intention. L'encens est utilisé à la fois dans le culte religieux, et au sein de pratiques magiques/spirituelles qui ne sont pas forcément reliées à une religion. Vincent Lauvergne partage que « dans tous les écrits les plus anciens, on trouve l'idée que la fumée de l'encens permet de conduire nos désirs vers la divinité pour qu'elle les exauce.

Elle crée en quelques sortes une voie pour accéder à d'autres plans*. »

Dans de nombreux pays aujourd'hui, notamment en Asie, les maisons, les temples, les rues sont imprégnés du parfum caractéristique de certains encens qui servent aux rituels quotidiens. Quiconque a mis les pieds en Inde, par exemple, gardera toujours en mémoire cette signature si particulière et entêtante, mélange de bois de santal, de gugul, d'élémi, de citronnelle, de benjoin, de patchouli, de vétiver...

Les sciences hermétiques, qui datent de l'Antiquité grecque, prêtent à l'encens des propriétés magiques : il serait, selon Vincent Lauvergne, un puissant condensateur fluidique. « Tout comme l'eau dispose de cette caractéristique, l'encens permet de condenser de l'énergie qui lui est associée, et de l'amplifier, en vue d'un objectif particulier**. » En soumettant votre extrait de plantes au feu, véritable processus alchimique de transformation de la plante en même temps que de vous-même, vous vous reliez à des lois universelles : à la notion d'impermanence de la

---

* *Id., ibid.*

** *Id., ibid.*

matière, au cycle de toute chose... Le processus de combustion de l'encens évoque cet extrait de la Bible si souvent cité : « Tu es né poussière, tu retourneras poussière. »

Dans son ouvrage *Le Chemin de la véritable initiation magique*, l'hermétiste Franz Bardon, qui a popularisé le terme de « condensateur fluidique », le définit comme un « conducteur des forces supérieures qui ont donc une énorme capacité d'accumulation* ». Enfin, dans son ouvrage, l'auteur Jean-Luc Caradeau nous confirme que le parfum est un élément essentiel de la magie : « Essentiel par son action sur le psychisme de l'opérateur, essentiel encore par son rôle d'offrande aux esprits dans des magies et des traditions païennes ou populaires. Essentiel enfin, par l'action qu'il exerce sur les différents plans subtils de l'univers, en permettant ou facilitant la manifestation ou l'action des forces invisibles**. »

* Franz Bardon, *Le Chemin de la véritable initiation magique*, Éditions Alexandre Moryason, 2000.
** Jean-Luc Caradeau, *Usage des poudres et encens en magie et théurgie*, Éditions Alliance magique, 2017.

Rituels que les encens pourront soutenir

Les rituels de purification et de protection

Pour nettoyer énergiquement un individu, une maison ou un objet.

Les rituels d'amour

Pour soutenir le couple, stimuler la sensualité, renforcer l'amour. « Les aromates sont très prisés par les poètes dans le cadre de la poésie amoureuse, voire érotique. Les fragrances contenant des phéromones, comme le musc, sont réputées pour leurs vertus aphrodisiaques*. »

Les rituels pour célébrer le passage des saisons et les cycles soli-lunaires

Dans de nombreuses traditions, les grands cycles naturels, tels les équinoxes et les solstices, sont célébrés. L'encens pourra marquer ce temps de passage et accompagner notre mue intérieure.

*https://journals.openedition.org/beo/4698#xd_co_f=YzcxZTU0NjQtNTkwZi00YzUxLThkYTktNDkyYzI5MTYzMDhi~

Les rituels pour se relier aux mondes subtils

L'encens opère à la manière d'un pont entre les mondes, et permet de se relier aux esprits de la nature, aux anges ou aux guides.

L'ENCENS EN PARFUMERIE ÉNERGÉTIQUE, AVEC VALÉRIE DEMARS

Valérie Demars est la fondatrice et le nez d'Aimée de Mars, qui propose des parfums et des bougies créés selon le concept de l'aromaparfumerie, réunissant l'aromathérapie, la parfumerie et l'olfactothérapie. Plus que de simples parfums, ces produits ont vocation à harmoniser le corps émotionnel et énergétique, notamment grâce aux vertus des encens.

« La myrrhe et l'encens (oliban) sont mes matières premières de prédilection, et rentrent systématiquement dans la composition de mes parfums, car elles font selon moi un pont entre nous et le monde subtil, en augmentant notre taux vibratoire. L'encens est en quelque sorte un « sas de communication » entre soi et le plan que l'on souhaite contacter, un pont entre les mondes physique et subtil. C'est aussi un réservoir et un condensateur d'énergie. L'encens oliban est plutôt masculin, là où la myrrhe porte une énergie féminine. Il est intéressant d'associer les deux, pour profiter de cette complémentarité. Utilisé dans les parfums, l'encens va amplifier son pouvoir d'harmonisation de nos centres énergétiques, et améliorera par là même les propriétés des autres essences utilisées. Il n'y a rien de spécial à faire pour cela ! En effet, l'olfaction passe par le cerveau limbique, siège des émotions, et non par le cerveau cartésien, ce qui fait que l'encens agit « malgré nous », et que même les personnes les plus cérébrales pourront lâcher prise et bénéficier de son action thérapeutique, se relier à leurs intuitions et à leur sagesse.

Pour méditer et se relier à nos connaissances profondes, je recommande d'associer l'encens oliban, le Palo Santo et la sauge, sous forme d'encens, de parfum ou de bougie. Ils participeront à vous mettre en chemin vers votre mission de vie*. »

ÇA FAIT DÉBAT : L'ENCENS EST-IL TOXIQUE ?

Oui, à très hautes doses, l'exposition aux produits de synthèse ou l'exposition trop régulière

* Plus d'informations : www.maisondemars.com

aux fumées quelles qu'elles soient présentent un danger sanitaire. Nous ne sommes pas faits pour inhaler trop régulièrement de la fumée, comme l'ont démontré plusieurs études à charge contre l'encens.

Parmi les composants décriés dans les études, on trouve :

- des parfums de synthèse qui n'ont jamais été testés dans le cadre d'une combustion, qui se révèlent toxiques ;
- des colorants en tout genre ;
- des adjuvants issus de végétaux à propos desquels aucune indication relative à leur éventuelle dangerosité n'est apportée ;
- le charbon pour activer la combustion contient souvent du salpêtre et du chlorate de potassium, ingrédients, que l'on retrouve... dans les désherbants ! ;
- des solvants, dont on ne sait pas grand-chose sur leur éventuelle toxicité.

Pour contourner ce problème, voici quelques pistes :

- achetez exclusivement des encens naturels et bio. La présence de certains labels peut être une garantie de qualité : Nature & Progrès, Cosmebio, Demeter, AB, Ecocert, etc. ;

- méfiez-vous des produits sans étiquette, non traçables, et sans précisions sur leur composition ;
- d'une façon générale, il faut retenir qu'une pièce peut être enfumée de temps à autre lorsque vous ne vous y trouvez pas (dans le cas de nettoyages énergétiques par exemple), à condition de bien l'aérer ensuite. Les senteurs resteront ;
- comme l'a dit Paracelse : « Tout est poison, rien n'est poison, seule la dose compte. » Il est clair que l'inhalation constante de fumées finit par irriter les voies respiratoires. Nos poumons ne sont pas faits pour respirer d'épaisses volutes aromatiques. N'abusez pas de l'encens, et ne vous placez pas directement au-dessus de ses fumées ;
- rien de tel sinon que de cueillir ses propres plantes sur des sites préservés, et que de faire ses encens soi-même (voir le chapitre p. 105 « Faire ses encens »).

Chapitre 3
UN MONDE GÉNÉREUX

« La mémoire tisse des liens subtils entre des lieux, des êtres et des émotions aromatiques, des états d'âmes parfumés, sachant fixer le temps ou l'espace au creuset subtil des arômes. »

Daniel Kieffer

S'ÉQUIPER

Les différents types d'encens

Les encens existent sous de très nombreuses formes, qui diffèrent d'un pays à l'autre... Néanmoins, on peut établir une distinction entre les présentations non-façonnées (plante ou résine en vrac) et les présentations façonnées en bâtonnets, cônes, cordelettes, etc. De même, on dissocie l'encens combustible et l'encens non-combustible. L'encens combustible brûle par lui-même grâce à des additifs, il n'y a donc pas besoin de charbon de bois (ex. les bâtons d'encens, les cônes...). Il est plus simple d'utilisation, puisqu'il vous suffira d'un petit support pour tenir l'encens. Tandis que l'encens non-combustible nécessite l'utilisation d'un charbon ardent ou d'un brûleur : il présente l'avantage de nous permettre de réaliser tous types de mélanges, en réduisant simplement les ingrédients en poudre avant de les placer sur le charbon. Attardons-nous sur les spécificités de chaque forme d'encens.

Plantes sèches

Les plantes sèches sont commercialisées sous forme de poudre, ou entières : éclats de bois, feuilles, fruits, etc. En poudre, leur qualité se détériorera plus rapidement. On peut aussi trouver les plantes sous forme de « fagots », à l'instar du bâton de fumigation amérindien composé de plantes aromatiques liées ensembles et séchées, que l'on brûlera telles quelles en les ventilant régulièrement.

Résines

Les résines sont généralement vendues sous formes de grains, de « cailloux », à placer sur un charbon, ou en poudre.

Bâtons, cônes, spirales...

On trouve de l'encens prêt à l'emploi, en forme de bâtons, de cônes, de spirales, de boulettes, de cordelettes... Ils sont fabriqués à base de poudres aromatiques, parfois agrémentées d'huiles parfumées, et d'une poudre facilitant la combustion (attentions aux additifs chimiques ; voir p. 59 ou 102). Les cônes ont tendance à brûler rapidement, comparés aux autres formes d'encens, et à produire plus de fumée que les bâtonnets. Les bâtons ont comme avantage leur côté pratique, mais il est difficile de connaître leur composition réelle. Le bois les constituant est enrobé d'une substance composée de charbon et de sciure de bois, trempé dans des mélanges odorants, la plupart du temps de synthèse (même lorsqu'ils sont achetés dans des pays réputés pour leurs encens). Les cordelettes tressées, que l'on retrouve beaucoup dans les temples au Népal et au Tibet, peuvent quant à elles être suspendues en intérieur ou en extérieur, ou placées dans un récipient sur du sable. Attention, elles dégagent beaucoup de fumée. Le choix d'une forme plutôt qu'une autre relève de votre préférence personnelle et du contexte d'utilisation.

Les « brûle-parfums »

Le bol

Il existe diverses manières de brûler l'encens. La plus classique consiste à utiliser un contenant en pierre, en terre, en porcelaine ou en métal (ou tout récipient résistant aux hautes températures sans risque de prendre feu ou de se fendre). Vous y déposerez un charbon ardent autocombustible, sur lequel brûleront plantes ou résines. Dans l'idéal, remplir le contenant de sable permet d'éviter qu'il surchauffe et qu'il se brise. Ainsi, vous pourrez par la même occasion vous en servir pour planter vos bâtons d'encens. Au Japon, on utilise pour la même raison de la cendre tamisée. Le contenant pourrait malgré tout monter en température. Pensez donc à placer un support réfractaire (type dessous de plat) en dessous, afin d'éviter les dégâts sur vos meubles.

Le brûleur à étages

Il existe également des brûleurs à étages qui ne nécessitent pas l'utilisation de charbon. On peut y insérer une bougie chauffe-plat, qui va doucement chauffer l'encens situé dans la coupelle supérieure. Avec cette méthode, moins de fumée sera produite, et il faudra plus de temps pour que les fragrances soient distribuées. Cette technique peut s'avérer intéressante dans le cas où vous utiliseriez des substances chères, rares, ou pour parfumer plus délicatement une pièce sans générer trop de fumées. La coupelle devra être nettoyée après chaque usage. Toutefois, pour la plupart des rituels, le charbon semble plus adapté, les fumées se diffusant avec plus d'intensité.

La coquille d'ormeau

Traditionnellement, les Amérindiens brûlent leur encens dans un grand coquillage nacré d'ormeau. Il a l'avantage de bien résister à la chaleur et de permettre une bonne ventilation de l'encens. Dans un processus symbolique, il peut par ailleurs représenter l'élément « eau ». Attention toutefois à la provenance de votre objet : certains types d'ormeaux sont menacés d'extinction à cause du braconnage.

La cheminée ou le feu de camp

Il est possible de brûler les substances directement dans la cheminée, ou lors d'un feu de camp. Si tel est votre souhait, il sera alors préférable d'y placer une pierre plate sur laquelle mettre vos substances aromatiques. Éviter bien sûr le contact direct avec les flammes qui brûleraient en un temps record l'encens, sans grand intérêt. À moins, lors d'un feu en extérieur, d'y jeter volontairement une petite brassée de plantes de saison, qui se consumera aussitôt dans une explosion joyeuse. Rien de tel pour renouer avec les rythmes de la nature, et avec la puissance de l'élément feu. « L'odeur des forêts d'antan et le souffle de la nature pénètrent notre être et nous inspirent des récits, des danses et des chants associés depuis des temps immémoriaux au feu, à la fumée et aux parfums qu'elle exhale* », décrit ainsi Suzanne Fischer-Rizzi. Autre possibilité : une fois les flammes totalement éteintes, lorsque ne restent que les braises rougeoyantes, vous pouvez y répartir vos plantes et résines qui brûleront généreusement.

* Suzanne Fischer-Rizzi, *Le Guide de l'encens*, *op. cit.*

Improviser un brûle-encens « minute »

Si vous souhaitez brûler de l'encens mais n'avez aucun récipient sous la main, il vous suffira d'utiliser une feuille d'aluminium, à plier deux ou trois fois et à la modeler en forme de petit bol. Vous pourrez alors y mettre votre charbon ardent, en prenant soin de le déposer sur un support réfractaire.

D.I.Y. : FAIRE SON BRÛLE-ENCENS EN CÉRAMIQUE

Il est possible d'acheter pour environ 4 euros les 500 grammes d'argile autodurcissante en magasin de loisirs créatifs. L'intérêt de créer son propre récipient est de l'imprégner de votre propre énergie, et de renforcer ainsi ses qualités magiques. Rien de tel que d'avoir un outil façonné patiemment de ses mains. Comme l'a dit Antoine de Saint-Exupéry dans *Le Petit Prince* : « C'est le temps que tu as perdu pour ta rose qui fait ta rose si importante. »
Faites de ce temps de créativité un rituel. Allumez une bougie, mettez de la musique qui vous touche, réunissez quelques sources d'inspiration

→

si besoin. Laissez libre cours à votre imagination, en créant un récipient qui peut être simple, avec des motifs et symboles ésotériques, en forme d'animal ou de personnages archétypaux pour les plus doués d'entre vous. Renseignez-vous au préalable sur les symboles qui vous parlent. Par exemple, le chiffre 3 symbolisant la trinité corps-âme-esprit, pourquoi ne pas créer un récipient à trois pieds ?

Le récipient devra au minimum permettre d'héberger un morceau de charbon, prévoyez sa taille en amont en fonction de vos besoins. Ensuite, vous pouvez incorporer la plante lors du façonnage de votre bol : pour ma part, au lieu d'utiliser de l'eau pour humidifier ma terre (et la modeler plus facilement), je me suis servie d'une infusion de verveine citronnée froide, une plante qui m'apaise et dont l'énergie me permet de me sentir reliée à moi-même. Une fois votre brûle-encens confectionné, attendez que la terre soit parfaitement sèche avant de le consacrer, au risque sinon que le récipient éclate au moment de la combustion. N'oubliez pas d'y mettre du sable pour absorber une partie de la chaleur.

Autre matériel nécessaire

Du charbon

On trouve facilement dans le commerce des pastilles de charbon à encens de 3 à 5 centimètres de diamètre, qui coûtent entre 1 et 2 euros le paquet de dix. Elles sont enduites de nitrate de potassium (ou salpêtre) pour en faciliter la combustion, qu'il faut éviter d'inhaler du fait de sa toxicité. Veillez à conserver vos charbons à l'abri de l'humidité, au risque sinon qu'ils ne s'allument plus ou qu'ils s'effritent. Il est fortement déconseillé d'utiliser du charbon à barbecue, qui n'est pas prévu pour cet usage, et peut dégager des fumées toxiques.

Une pince

Une pince à charbon en métal vous servira à tenir ce dernier au-dessus de la flamme sans vous brûler, le temps qu'il s'embrase suffisamment. Une fois que vous avez terminé votre cérémonie, cet outil vous permettra si nécessaire de tremper le charbon brûlant dans de l'eau.

Un mortier et un pilon

Il est possible de préparer soi-même son encens, en réduisant en poudre résines, graines, écorces... Ainsi transformés à la dernière minute, les produits utilisés seront plus aromatiques, et vous maîtriserez totalement le contenu de votre mélange. Il existe pour cela des mortiers de toutes tailles, privilégiez ceux en pierre, bien rugueux, et qui seront plus à même de réduire en poudre les matériaux fibreux. Faute de mortier, ou si vous êtes pressé, un petit robot-mixeur bien solide fera aussi l'affaire.

Une plume

Traditionnellement, la plume est utilisée pour éventer le charbon, et ainsi permettre qu'il brûle uniformément. L'intérêt est également symbolique : en fonction de la plume choisie, elle incarne les qualités de l'espèce d'oiseau en question, ou peut symboliser l'élément « air », et peut donc apporter cette dimension supplémentaire au rituel.

Du sable

Si vous décidez de brûler votre encens sur du charbon, le sable peut être nécessaire pour éviter que votre récipient ne monte trop en température. Il est coutume au Japon d'utiliser des cendres à la place du sable. Où trouver du sable si vous ne vivez pas au bord de la mer ? Dans les magasins de bricolage ou les animaleries.

ESSENCES ET PROPRIÉTÉS

« Il est des parfums frais comme des chairs d'enfants,
Doux comme les hautbois, verts comme les prairies,
– Et d'autres, corrompus, riches et triomphants,
Ayant l'expansion des choses infinies,
Comme l'ambre, le musc, le benjoin et l'encens,
Qui chantent les transports de l'esprit et des sens. »

Charles Baudelaire, *Correspondances*

Face à la myriade d'essences qu'il est possible de brûler, comment s'y retrouver ? D'une manière générale, les plus couramment utilisées dans la tradition sont la trinité de résines oliban-myrrhe-benjoin. « Les fumées sacrées de l'Encens, de la Myrrhe ou du Copal étaient destinées à amadouer les dieux, les senteurs violentes à chasser la maladie, la peste, la variole ou la mort, les parfums délicats au plaisir charnel et à l'amour*. »

Toutefois, comme il a déjà été précisé, de très nombreuses plantes se prêtent aux fumigations. La liste proposée ci-après, loin d'être exhaustive, vous permettra de faire connaissance avec quelques essences choisies, que j'ai sélectionnées pour leur non-toxicité (dans les doses recommandées) et pour leur facilité d'accès. Certaines viennent du bout du monde, d'autres poussent sous nos latitudes**. Il est toujours préférable de privilégier les essences locales, d'une part pour un souci d'impact écologique (déforestation, pollution liée aux transports, raréfaction de certaines essences...), d'autre part parce qu'elles nous relient directement à nos terres, à un savoir ancien local, à nos ancêtres. Bien souvent, les plantes utilisées lors de rituels venus d'ailleurs, à l'instar de la sauge blanche des Amérindiens, ont leur équivalent chez nous. Cet ancrage dans notre culture me semble intéressant pour pouvoir permettre, dans un second temps, à des médecines sacrées venues d'ailleurs de se déployer en nous.

* Source : https://hal.univ-lorraine.fr/hal-01734006/document
** Europe de l'Ouest.

La trinité sacrée : oliban, myrrhe et benjoin

L'oliban – Boswellia thurifera (*Yemen*), Boswellia sacra (*Liban, Oman*), Boswellia certerii (*Somalie*)

L'oliban a donné son nom au terme générique (encens), et fut probablement l'un des premiers à être utilisés. Il est sans nul doute le plus précieux de tous, et l'un des plus polyvalents, si bien qu'on peut en faire usage dans la plupart des rituels.

- **Partie utilisée :** la résine.
- **Propriétés :** l'oliban est le grand purificateur, il éloignerait les mauvais esprits. Son énergie plutôt masculine et solaire permet d'élever notre niveau vibratoire et de nous ancrer. Il aide au lâcher-prise, et permet de se rapprocher du sacré. Il est entre autres utilisé dans l'accompagnement des mourants, et pour traverser un deuil. Sous forme d'huile essentielle ou de comprimés, l'oliban aurait de très nombreuses propriétés, et serait efficace contre les troubles nerveux, respiratoires, les douleurs chroniques, articulaires ou tendineuses, les douleurs neuropathiques... (plus d'informations p. 58 et 76.)

BOSWELLIA, PORTAIT-ROBOT D'UN ARBRE REMARQUABLE

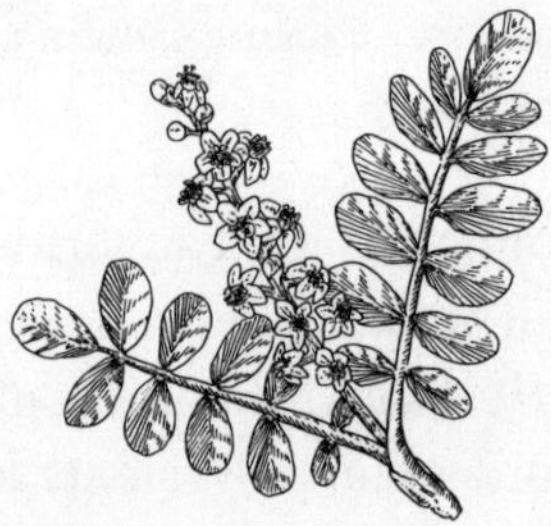

L'encens oliban est extrait d'arbres de la famille du *Boswellia*, un surprenant spécimen qui pousse en Afrique (Somalie, Éthiopie, Oman, Yemen...). Surnommé « arbre à encens », *Boswellia* est un petit arbre tortueux mesurant environ de 2 mètres de hauteur, constitué de nombreuses branches tordues qui partent généralement de la base du tronc. Son écorce desquame facilement, et ses belles feuilles d'un vert-gris, réunies en forme de bouquets au sommet des rameaux, sont caduques. Il produit des petites fleurs blanches à cinq pétales, suivies d'une fructification sous forme de petites capsules. L'arbre à encens est un champion de la survie ! Il pousse dans des zones désertiques, très sèches, sous un soleil brûlant, plutôt en sol calcaire, et jusqu'à 1 500 mètres d'altitude. Peut-être cette résilience explique-t-elle que sa résine soit une panacée, véritable concentré de principes actifs… Cette dernière est recueillie à l'automne et parfois au printemps, en incisant le tronc pour laisser s'écouler la résine qu'il faudra laisser coaguler avant de la récupérer 3 semaines plus tard, puis de la laisser sécher des mois durant. Il est possible de cultiver le *Boswellia* sous nos latitudes, mais en pot uniquement, pour éviter les gelées en hiver. Une étude datant de 2019, publiée dans *Nature Sustainability**, indique que les populations d'arbres de *Boswellia* sont menacées par la surexploitation et la dégradation de l'écosystème, qui mettent en danger la production de résine. Le constat est accablant : la production d'encens pourrait diminuer de moitié d'ici 20 ans. Plus que jamais, c'est donc un élixir à utiliser avec respect, et surtout parcimonie.

La myrrhe – Commiphora myrrha, Balsamodendron myrrha

« Celui qui s'imprègne de ce parfum échappe à la mort et participe à la vie éternelle des dieux. »

Proverbe de la mythologie égyptienne

* https://fr.timesofisrael.com/la-production-dencens-pourrait-diminuer-de-moitie-dici-20-ans/

La myrrhe est le « parfum de la Terre Mère », associée au corps et au principe féminin. Elle dégage une odeur chaude, terreuse et balsamique caractéristique. D'après la mythologie égyptienne, la myrrhe serait née des larmes du dieu Horus.

- **Partie utilisée :** morceaux de résine ou résine réduite en poudre.
- **Propriétés :** la myrrhe se voit attribuer la polarité féminine, et est ainsi complémentaire de l'oliban. Elle permet d'accéder à l'inspiration, à la contemplation, favorise l'expression de la sensualité, et est tout autant favorable à la méditation qu'aux arts. Elle permet de dissiper la confusion, de contacter le principe du féminin sacré, et de s'y réconcilier. Elle favorise un sommeil réparateur, est antibactérienne, désinfectante, antiseptique, anti-inflammatoire, antiparasitaire, cicatrisante...

Le benjoin – Styrax Benzoin

Le benjoin est originaire du Laos, de Thaïlande et de Sumatra. Son odeur est proche de la vanille, sucrée et balsamique. Il est plutôt utilisé dans des mélanges que seul, sa fumée pouvant être perçue comme légèrement piquante. Si le benjoin est aujourd'hui plutôt galvaudé, on le retrouve beaucoup dans les traditions du Moyen-Orient.

- **Partie utilisée :** morceaux de résine. Il est notamment employé dans la fabrication du papier d'Arménie.
- **Propriétés :** il a un effet bénéfique sur le mental, l'activant, ou l'apaisant, notamment dans le cadre de blessures émotionnelles. Il permet de retrouver l'enthousiasme et la paix mentale, ouvre l'esprit, stimule l'imagination. Il est également propice à la sensualité.

L'encens pontifical (mélange de benjoin, de myrrhe et d'oliban)

Ce qu'on nomme « encens pontifical », très utilisé dans les rituels chrétiens, est une combinaison des trois résines mélangées à parts égales, sous la forme de petits grains. Dans la tradition occidentale chrétienne, on associe ces résines, le benjoin portant en quelque sorte les fruits de la myrrhe – yin – et de l'oliban – yang*.

* Source : Daniel Kieffer, *Encens et parfums thérapeutiques,* Éditions Grancher, 2019.

- **Propriétés :** il peut être pratique pour les personnes non-expérimentées d'utiliser ce mélange pour rythmer leurs temps de prière ou de méditation, avant de s'essayer à une quelconque préparation faite maison. L'encens pontifical peut aussi être utilisé pour purifier une pièce, lors d'un emménagement, par exemple.

Note : ces trois résines peuvent aussi être mélangées à d'autres plantes.

LE VOYAGE OLFACTIF

Il est recommandé, pour habituer votre nez aux senteurs des différents encens, de commencer par les découvrir individuellement, hors de tout mélange. Puis, pour continuer à progresser, pourquoi ne pas organiser, seul ou à plusieurs, un *blind test* (test à l'aveugle) ? Placez vos encens dans de petits pots identiques. Les yeux bandés, tentez de deviner de quelle plante il s'agit. Au départ, commencez par trois ou quatre encens seulement, le nez sature vite !
Pour aller encore plus loin, pourquoi ne pas participer à un « voyage olfactif » ? Demandez

à quelqu'un de choisir pour vous un encens « mystère » (non mélangé) à brûler, que vous ne connaissez pas, ou peu. Puis, assis ou allongé, les yeux fermés, entrez en état méditatif en prêtant attention aux mouvements naturels de votre respiration. Les volutes parfumées arrivent à votre nez. Des mots, des images, des sensations, des émotions peuvent émerger. Laissez-vous porter sans vous censurer, et sans tenter d'analyser vos perceptions. Si rien ne vient, demandez-vous par exemple : si l'encens était incarné sous la forme d'une personne, ou d'un paysage, à quoi ressemblerait-il ? Qu'est-ce qui vous vient spontanément ? Cela peut être fugace, ne perdez pas confiance si les résultats sont décevants les premières fois. Une fois l'expérience terminée, notez tout de suite ce que vous avez capté, avant de vous renseigner sur les propriétés de l'encens dont il est question. Il est fort possible que vous ayez perçu ces caractéristiques avant même de les découvrir.

Autres résines à brûler

L'ambre – Pinus succinifera

L'ambre provient du pin à ambre jaune, et dégage un parfum chaud et doux. Il désigne aussi la pierre d'ambre, ou ambre jaune, une résine fossilisée qui nous relie à des temps immémoriaux.

- **Partie utilisée :** résine.
- **Propriétés :** efficace en cas de nervosité, de dépression ou de tristesse. Son parfum est réconfortant et peut aussi permettre d'installer une ambiance sensuelle.

Le copal – Protium copal, Bureseru microphylla

L'arbre qui fournit la résine de copal était nommé par les Indiens d'Amérique du Sud *copalquahuitl*, d'où son nom actuel. Autrefois, on récoltait la sève des arbres frappés par la foudre, avant d'en faire offrande au dieu du Soleil lors de rituels. Selon le livre sacré des Mayas, le *Popol-Vuh*, il fut extrait de l'Arbre de Vie par une divinité chthonienne (sorte de Titan venant de l'intérieur de la terre) qui offrit aux hommes cette sève rouge qui se coagule à l'air, comme son propre sang. On distingue le copal blanc, le noir et le doré. Attention aussi à ne pas confondre la résine de copal et le bois de copal !

- **Partie utilisée :** résine.
- **Propriétés :** purificateur de la sphère du cœur. Il relie à la terre, apaise, stimule l'intuition et l'imagination, aide à lutter contre la déprime. Il permettrait aussi de conférer le pouvoir de divination.

Les plantes, bois et graines

L'anis étoilé – Illicium verum

L'anis étoilé (ou badiane), qui fut introduit en Occident par Marco Polo, est principalement utilisé comme épice dans les plats orientaux, mais peut aussi être brûlé.

- **Partie utilisée :** cosse et graines.
- **Propriétés :** calme le mental, stimule la créativité, favorise la méditation. C'est une plante digestive et apaisante émotionnelle (à petite dose, sinon elle peut s'avérer toxique). En Inde, on considère qu'elle protège les maisons.

L'armoise (locale) – Artemisia vulgaris

« Si l'homme savait les vertus de l'Artemise,
il en mettrait dans sa chemise. »

Dicton populaire

C'est l'une des plantes les plus importances en magie, surnommée « herbe de feu », ou « couronne de Jean-Baptiste ». On la trouve très facilement à l'état sauvage. L'armoise est utilisée par les Premières Nations comme un encens rituel ou fumé comme du tabac.

- **Partie utilisée :** toute la partie aérienne.
- **Propriétés :** calmante, réchauffante. Elle permet de renforcer le système immunitaire (attention : elle est toxique à haute dose !) et possède un grand pouvoir de purification. Elle est utile au moment de prendre des décisions et dans les nouvelles phases de vie, permettant de contacter nos ressources intérieures. Peut être utilisée lors des grands passages de la vie d'une femme (premières menstruations, ménopause, etc.). Procure

un sommeil réparateur et peut déclencher des rêves divinatoires.

L'aubépine (locale) – Crataegus oxyacantha, Crataegus monogyna

- **Partie utilisée :** fleurs, fruits.
- **Propriétés :** apaise les blessures du cœur, accroît la fertilité et favorise la joie dans toutes les sphères de la vie.

Le basilic sacré/tulsi – Ocimum Sanctum

Le basilic sacré est une plante que les Indiens révèrent du fait qu'elle tiendrait éloignées toutes les entités néfastes. Elle est brûlée, ou consommée en tisane.

- **Partie utilisée :** toute la plante.
- **Propriétés :** puissante purificatrice ; ouverture du cœur et de l'esprit ; renforce le système immunitaire.

Le bois de santal – Santalum album

Le bois de santal fait partie des « incontournables », que l'on retrouve dans beaucoup de mélanges d'encens. Son parfum chaud fait qu'on le reconnaît aisément...

- **Partie utilisée :** le bois.
- **Propriétés :** ouverture du cœur ; amour mystique ; relie à l'éternel masculin affranchi de ses ombres. Il lui permet d'intégrer sa part féminine. Permet de gagner en souplesse face aux situations que l'on rencontre, et de contacter la rigueur nécessaire dans une voie spirituelle ou ascétique. Aide à la créativité. Il est utilisé dans la culture tibétaine pour accompagner les mourants, et lors des cérémonies suivant le décès.

La cannelle de Chine – Cinammomum cassia

L'écorce de cannelle servait autrefois comme parfum corporel, pour la maison, et était réputée pour ses vertus aphrodisiaques. En occident, du fait de sa senteur suave et chaude, cette épice est associée à l'hiver, et à Noël. La cannelle est aujourd'hui cultivée au Japon, en Indonésie, au Vietnam...

- **Partie utilisée :** l'écorce et les fleurs.
- **Propriétés :** permet d'accélérer la guérison, centrale dans les rituels d'amour, a également un pouvoir protecteur, et permet d'affiner les pouvoirs psychiques. Redonne entrain et joie de vivre, et peut bénéficier au secteur professionnel.

La cardamome – Elettaria cardamomum

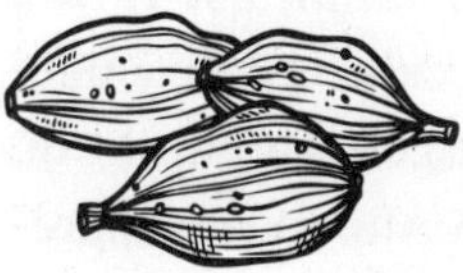

Associée au féminin sacré, propice à l'intimité, la cardamome a l'avantage d'être très facile à trouver en épicerie.

- **Partie utilisée :** les graines.
- **Propriétés :** la cardamome est légèrement euphorisante. Antiseptique puissant, stimulant physique et intellectuel. Son odeur balsamique favorise la sensualité et sera propice aux rituels dédiés.

Le cèdre (local) – Cedrus libani, Cedrus deodara, Cedrus atlantica

« Les cèdres du Liban, hymne à la grandeur, recèlent toutes les splendeurs. Quelle que soit la saison, tout le monde sent le frisson. Ces arbres sont des œuvres enchanteurs, que la neige les recouvre, ou que le soleil les écrase ; que la pluie les arrose, ou que les nuages les colorent. »

Andrée Asmar

Dans toutes les cultures, le cèdre est symbole de vitalité, de force et de dignité. Le cèdre du Liban est rare à trouver : celui qu'on achète provient généralement de l'Atlas ou de Virginie. Le cèdre a une odeur appréciée, boisée et fraîche. Dans l'Égypte antique, l'huile de cèdre servait à la momification. Préférez pratiquer ces fumigations en plein air, cette écorce dégageant beaucoup de fumée. À moins de l'utiliser en poudre.

- **Partie utilisée :** résine, bois, aiguilles.
- **Propriétés :** libère les voies respiratoires (expectorant), purifie l'air de la maison. Nourrit notre force intérieure, relaxant, utilisé lors de rites de purification, dans les

rituels amoureux. Permet de se souvenir de ses rêves, chasse les cauchemars, et favorise la méditation.

Le chêne (local) – Quercus

« Qui voit le chêne dans le gland
voit Dieu dans le chêne. »

Joseph Delteil

Le chêne est considéré par les Celtes comme un arbre sacré, occupant une place privilégiée au cœur des représentations symboliques, au plus proche du divin. « Druide » serait par ailleurs un terme dérivé du grec *drus*, le « chêne ». Le chêne évoque par sa carrure le sentiment de sagesse, de robustesse et de protection.

- **Partie utilisée :** écorce.
- **Propriétés :** anti-inflammatoire, antiseptique ; apporte force et protection ; réunit ciel et terre.

Le cumin – Cuminum

Le cumin est très souvent mis à contribution en cuisine, et apprécié pour son odeur aromatique, chaude, légèrement anisée. Il est utilisé depuis la nuit des temps : on en retrouve la trace chez les Égyptiens, les Romains, et dans l'Ancien Testament. À haute dose, il a des effets narcotiques.

- **Partie utilisée :** les graines.
- **Propriétés :** digestif, stimulant, diurétique par voie interne. Comburé, il est associé aux rituels amoureux. Il éloignerait aussi les mauvais rêves et les mauvais sorts. Il éveille les sens, et permet de développer son intuition.

Le foin d'odeur – Hierochloe odorata

Le foin d'odeur, de sons nom anglo-saxon *sweetgrass* signifie littéralement « herbe sucrée ». *Hierochloe odorata* doit son nom à son parfum vanillé, qui vient de sa teneur en coumarine. C'est une plante qu'on trouve en Amérique du Nord, ainsi que dans le nord de l'Europe. Aussi connue sous le nom d'« herbe du bison », elle a été utilisée en France pour parfumer sucreries, boissons et tabac, et dans la parfumerie. Elle est à brûler à très petites doses, car ses coumarines sont toxiques. Chez plusieurs nations autochtones d'Amérique du Nord, elle fait partie des quatre grandes plantes médicinales sacrées avec le tabac, le cèdre (thuya) et la sauge.

- **Partie utilisée :** parties aériennes.
- **Propriétés :** symbole de la Terre Mère, il aide à établir une connexion entre soi et le Grand Esprit. On le retrouve souvent sous forme de tresse qui représente les cheveux de la *Pachamama*. Son parfum apaisant attire les énergies bénéfiques, c'est une herbe de paix et de protection qui peut servir aux nettoyages énergétiques.

La fumeterre – Fumaria officinalis

La fumeterre était déjà utilisée comme encens chez nos ancêtres germaniques et celtes. Les magiciens et les sorcières l'utilisaient pour entrer en contact avec les défunts ou pour se rendre invisibles, dit-on. Au Moyen Âge, on la brûlait également comme encens, pour éloigner les mauvais esprits.

- **Partie utilisée :** parties aériennes.
- **Propriétés :** traditionnellement employée sous forme de tisane pour son action positive en cas de constipation, la fumeterre est également appréciée lors de migraine d'origine hépatique. En fumigations, elle chasse les esprits négatifs, purifie les lieux et les personnes, protège contre et pendant les désenvoûtements.

Le genévrier (local) – Juniperus communis

« Là où règne le parfum du genévrier, le diable ne saurait s'y trouver. »

Textes anciens

Le genévrier est une essence considérée comme sacrée au sein de nombreuses cultures chamaniques, tels les Amérindiens. Il est considéré comme un arbre protecteur et magique. Attention à ne pas confondre le genévrier commun avec les trois genévriers à feuilles en écailles (genévrier sabine, genévrier thurifère, genévrier de Phénicie), qui sont toxiques.

- **Partie utilisée :** bois, branches, résine et baies séchées.
- **Propriétés :** réchauffe, fortifie, désinfecte (autrefois brûlé dans les chambres des malades), revitalise, aide à lutter contre les rhumatismes, renforce l'attention, le sentiment de dignité. Il est également supposé être protecteur (au Moyen Âge, on considérait que sa fumée éloignait les démons responsables des maladies).

Le girofle – Syzygium aromaticum

Le clou de girofle est un bouton de fleurs issues du giroflier, cueillies à la main avant la floraison, puis mises à sécher pour donner l'épice bien connue. Il est aussi bien employé en cuisine qu'en phytothérapie.

- **Partie utilisée :** « clou » de girofle.
- **Propriétés :** assainit l'air ambiant, permet d'éloigner les influences néfastes, peut s'avérer utile dans les rituels liés à la prospérité.

En phytothérapie, cette épice est connue pour favoriser la digestion et lutter contre les douleurs dentaires.

Le laurier (local) – **Laurus nobilis**

Le laurier, outre son attrait culinaire, est associé à Apollon, porteur des valeurs de la victoire et des honneurs.

- **Partie utilisée :** feuilles.
- **Propriétés :** utilisé en fumigation pour la purification d'un lieu, il résolvait autrefois les problèmes de sortilèges. Il aide à la confiance en soi, et peut être utile en ce sens, notamment avant un examen. Il est utilisé pour la purification des lieux, et pour favoriser l'intuition ainsi que la chance. En phytothérapie, il a des vertus antiseptiques, digestives, apéritives, antivirales... (à petites doses, peut s'avérer toxique).

La lavande (locale) – Lavandula angustifolia, Lavandula latifolia, Lavandula vera

« Sauge et lavande, je te le dis,
guérissent toutes les maladies. »

Dicton populaire

La lavande est une plante vivace aromatique qui tient son nom du latin *lavare,* signifiant « laver », originaire de la région méditerranéenne. Son parfum unique, réconfortant, est connu de tous, et possède une action apaisante sur le système nerveux.

- **Partie utilisée :** fleurs.
- **Propriétés :** connue pour ses propriétés calmantes, apaisantes, la lavande apporte purification et protection lorsqu'elle est utilisée en fumigation. Elle contribue aussi à atténuer l'anxiété, assure un sommeil réparateur et permet de favoriser l'amour. Réactivant la joie intérieure, elle est souvent utilisée dans le but de se libérer des traumatismes et pour gérer l'anxiété lors des périodes de deuil. Idéale pour apaiser le

mental lors d'une séance de relaxation ou de méditation.

Le Palo Santo – Bursela graveolens (Pérou), Bulsenia sarmientoi (Brésil)

Le Palo Santo est le « grand purificateur » chez les Amérindiens, allié de la plupart des rituels. Il est dit qu'il s'adapte aux fréquences de son opérateur.

- **Partie utilisée :** bois.
- **Propriétés :** utilisé comme insecticide dans les maisons, il permet aussi de les purifier. Il s'agit d'une essence puissante, permettant la manifestation de nos désirs, et qui nous invite donc à en faire usage avec beaucoup de discernement.

Le millepertuis (local) – Hypericum perforatum

Par le passé, le millepertuis était nommé *Fuga daemonum*, « Fuyez démon », qui est devenu « chasse-démon », ou « chassediable ». On le reconnaît à ses centaines de minuscules trous dans ses pétales.

- **Partie utilisée :** fleurs.
- **Propriétés :** plante de nettoyage puissante, le millepertuis chasse tout ce qui n'a pas sa place. Principalement pour les lieux, mais agit aussi au niveau de l'aura, de l'énergie des individus. Il est intéressant d'y joindre de la sauge qui, en prime, fait circuler et restaure l'énergie.

Le myrte – **Myrtus communis**

À ne pas confondre avec la myrrhe ! Le myrte était considéré comme sacré par tous les peuples de l'Antiquité, symbole féminin d'amour et de pureté dédié généralement à une déesse (Aphrodite, Vénus...), et symbole d'initiation.

- **Partie utilisée :** feuilles, baies.
- **Propriétés :** purifie l'atmosphère ; considéré comme porteur de bénédictions, il facilite prières et méditations. On dit qu'il préserve l'amour et qu'il aide à soigner les blessures de l'âme, permettant un nouveau départ.

Le pin sylvestre (local) – Pinus sylvestris

Le pin, très présent dans les forêts d'Europe au cours du paléolithique inférieur et moyen, dégage une agréable senteur de résineux lorsqu'il est au contact de la chaleur. Au Japon, une branche attachée sur le devant de la porte garantissait l'harmonie et la paix dans la maisonnée.

- **Partie utilisée :** résine de l'arbre, ou son écorce.
- **Propriétés :** tonique cardiaque ; renforce les poumons, active la circulation, réchauffe, protégerait contre les pratiques magiques maléfiques. Apporte la protection, et aiderait dans le cadre des rituels de fertilité.

Le romarin (local) – Rosmarinus officinalis

Le romarin était utilisé par de nombreuses civilisations, notamment les Grecs, les Romains, les Égyptiens et les Hébreux, pour enfumer les habitations. Plante sacrée du temps des pharaons, elle était placée dans les sarcophages pour protéger le défunt au cours de son dernier voyage.

- **Partie utilisée :** branches séchées et broyées ou nouées en fagot pour une meilleure combustion.
- **Propriétés :** purifie, tonifie, fortifie l'esprit. Le romarin est associé à la notion de « nouveau départ », qu'il s'agisse de changer une habitude, de commencer une nouvelle relation ou un nouvel emploi.

La rose (locale) – Rosa

« Pour l'amour d'une rose,
le jardinier est le serviteur de mille épines. »

Proverbe turc

La rose, à l'origine, a été importée en Europe depuis l'Arabie par les croisés. Dans de nombreuses traditions, elle est considérée comme mère de toutes les senteurs. Son parfum est le mieux exprimé sous la forme d'huile ou d'eau, et perd un peu de sa force lorsqu'on l'utilise en fumigation.

Elle peut toutefois apporter une touche de sensualité à un mélange. Chez les soufis, elle symbolise l'amour envers Dieu, et l'union avec le divin.

- **Partie utilisée :** pétales.
- **Propriétés :** souvent associée à la déesse Aphrodite, elle est symbole de féminité, de perfection et de beauté. Elle favoriserait l'amour, la guérison, la protection et la chance. C'est la fleur de l'apaisement du cœur. Augmente aussi les capacités psychiques.

Le santal – Santalum album

Le santal est essentiellement cultivé et utilisé en Inde. Son bois dégage un parfum chaud et sucré enveloppant.

- **Partie utilisée :** bois.
- **Propriétés :** idéal pour la méditation, il amène au calme intérieur. Il permet également d'accéder à des dimensions supérieures, éloignant aussi les esprits malveillants. En médecine ayurvédique, il est cicatrisant,

soulage les maux de tête, l'eczéma, et c'est aussi un antiparasitaire.

Le sapin (local) – Abies alba

« Le sapin est plus chaud que froid
et il contient énormément d'énergies.
Il est le symbole de la puissance. »

Hildegarde de Bingen, *Naturkunde*

Symbole de guérison et de vie dans le monde chrétien, le sapin était par ailleurs considéré par les Celtes comme un grand protecteur.

- **Partie utilisée :** la résine est utilisée comme encens, de même que les aiguilles séchées.
- **Propriétés :** purifie et régénère l'air, vertus protectrices, renforcerait aussi le système nerveux et aiderait à retrouver l'énergie. « On brûlait cette résine dans les chambres de malades pour renforcer leurs capacités de guérison* », partage Suzanne Fischer-Rizzi.

* Suzanne Fischer-Rizzi, *Le Guide de l'encens, op. cit.*

La sauge (locale) – Salvia officinalis, Salvia apiana

« Qui a de la sauge dans son jardin n'a pas besoin d'un médecin. »

Dicton provençal

On distingue la sauge officinale, présente dans nos contrées européennes, de la sauge blanche, utilisée par les Amérindiens lors de leurs rituels. Les deux ont leur utilité.

- **Partie utilisée :** la plante séchée (tiges + feuilles), souvent assemblée en de larges ballotins utilisés pour les fumigations.
- **Propriétés :** la sauge officinale est associée aux rituels de guérison ; elle favoriserait la chance. Elle relance le système énergétique et répare l'aura. La sauge blanche est quant à elle traditionnellement utilisée pour des fumigations rituelles, afin de purifier le corps ou la maison et de les dégager des énergies négatives. Sa signature aromatique permet par ailleurs de renforcer notre ancrage, et nous porte à l'action. Elle permet la clarté

mentale, et est un support pour cheminer vers la sagesse. Enfin, elle nous relie aux ancêtres.

Le thym (local) – Thymus vulgaris

« À la Saint Augustin,
le soleil a grillé le serpolet et le thym. »

Dicton populaire

« Thym » vient de la racine Grec *thumon* signifiant « offrande que l'on brûle ». L'odeur du thym, si réconfortante, réchauffe à elle seule notre être. Il en existe de nombreuses variétés à cultiver au jardin, et on peut aussi le trouver à l'état sauvage dans certaines régions. Il était utilisé par les Égyptiens pendant le rituel de l'embaumement, pour aider au passage dans l'autre vie.

- **Partie utilisée :** parties aériennes.
- **Propriétés :** antiseptique, tonique et fortifiant, il renforcerait la confiance en soi et la volonté, et nous permet de mobiliser nos forces. Il permet aussi d'y voir plus clair, et de se libérer du passé.

La verveine (locale) – Verbena officinalis

Surnommée « herbe aux enchantements », herbe sacrée ou herbe aux sorciers, la verveine était chère aux Celtes.

- **Partie utilisée :** feuilles et fleurs.
- **Propriétés :** permet d'affronter ses peurs, de retrouver de l'énergie, de traverser les émotions fortes. Divinatoire, considérée comme sacrée et protectrice, du temps des Celtes elle permettait des rêves révélateurs de vérité et protégeait des cauchemars.

OÙ ACHETER VOS ENCENS ?

Vous trouverez les substances permettant de créer vos encens dans divers types de lieux : herboristeries, pharmacies, épiceries, salons et magasins spécialisés... Si vous achetez des encens déjà préparés, soyez particulièrement attentif à leur composition et à leur qualité (éviter les composants de synthèse et les colorants, par exemple). Les études qui démontrent

que les encens sont cancérigènes sont basées sur les bâtonnets d'encens chimiques.
La fumée est ingérée, d'où l'importance d'être vigilant quant à ce qu'on brûle ! Le sceau de Salomon, par exemple, vendu dans certaines boutiques ésotériques, est une plante toxique !...
Pour vous faciliter la tâche, quelques boutiques réputées pour la qualité de leurs produits (en date de la publication) ont été répertoriées en fin d'ouvrage.

Chapitre 4

FAIRE SES ENCENS

« C'est le temps que tu as perdu pour ta rose qui fait ta rose si importante. »

Antoine de Saint-Exupéry, *Le Petit Prince*.

CUEILLETTE, SÉCHAGE ET MACÉRATION

Les plantes sauvages sont utilisées depuis des temps immémoriaux par l'humanité. Apportant nourriture, chaleur et soin, elles sont tout simplement essentielles à notre survie. À l'origine, les encens et autres plantes de fumigation étaient utilisées « telles quelles », sans les multiples transformations et ajouts (souvent toxiques) que nous leur imposons aujourd'hui.

C'est peu connu, mais il est relativement simple de confectionner ses propres encens, notamment avec des plantes locales, cultivées au jardin (ou sur notre balcon, notre terrasse...), ou cueillies directement en pleine nature (sauvages). Faire votre encens vous-même en maîtrisant chaque étape de fabrication, pourquoi pas du semis jusqu'à la combustion, vous permettra de cheminer aux côtés de la plante de la façon la plus intime et la plus puissante qui soit. Entre autres bénéfices, ce processus initiatique vous permettra de savoir exactement ce qu'il y a dans votre produit, et renforcera votre lien au monde végétal, et au cycle des saisons. Il est certes plus facile d'entrer dans un magasin et d'acheter un encens prêt à l'emploi (certains sont d'excellente qualité), mais rien ne peut remplacer la satisfaction de brûler un encens que nous avons préparé, et qui, chargé de notre énergie, sera d'autant plus actif...

Cueillette sauvage ou cultivation ?

Deux possibilités s'offrent à vous si vous décidez de cueillir vos plantes destinées à la fumigation : la cueillette sauvage, ou la cultivation. Chacune de ces méthodes présente ses avantages et ses inconvénients. Avec une culture à la maison, vous pouvez choisir vous-même vos essences, confectionner un « jardin des simples » qui correspondra exactement à vos besoins. La cueillette sauvage est plus exigeante, au sens où elle demande des connaissances en herboristerie. Toutefois, le jeu en vaut la chandelle : prélevées dans leur milieu naturel, les plantes sont particulièrement puissantes, forgées par les éléments et en harmonie dans un environnement idéal à leur développement.

Quelques plantes de fumigation faciles à cultiver

- Armoise ;
- Basilic sacré ;
- Laurier-sauce ;
- Lavande ;
- Romarin ;
- Rose ;
- Sauge blanche ;
- Sauge officinale ;
- Thym ;
- Verveine.

QUELQUES PRÉCAUTIONS D'USAGE

Il existe quelques risques à utiliser de l'encens fabriqué soi-même, surtout si vous vous lancez sans formation préalable dans la cueillette sauvage. Il est possible de se tromper de plante, certaines étant toxiques (des variétés toxiques sont d'ailleurs volontairement utilisées par certains magiciens dans leurs rituels, mais ceux-ci maîtrisent parfaitement leur procédé). À titre d'exemple, il est possible de confondre un conifère avec un autre, et l'if est très toxique. Certaines plantes peuvent être irritantes, allergènes, ou psychotropes. N'utilisez donc que celles que vous connaissez parfaitement. Quelques liens vers des sites internet partageant des connaissances sur la cueillette sauvage sont proposés en annexe.

Sublimer le temps de la cueillette

Si vous optez pour une cueillette sauvage, veillez enfin à respecter quelques règles du « bon cueilleur » :

- ne cueillez que les plantes que vous avez identifiées à 400 % ! Des plantes mortelles poussent en France, qu'il est facile de confondre avec des plantes comestibles ;
- ne prélevez pas les plantes protégées* ;
- ne prenez que ce dont vous avez besoin. Généralement, on dit qu'on ne prélève pas plus d'un quart des spécimens d'une station.

Chaque plante a une période propice à sa récolte, au cours de laquelle son efficacité est démultipliée, les molécules actives étant plus concentrées. Dans l'agriculture biodynamique, on considère que certains moments de l'année sont plutôt favorables aux fleurs, aux feuilles, aux racines ou aux fruits. Des calendriers annuels sont disponibles sur Internet. Entre autres, on considère que, quand la lune est montante, la sève circule le plus facilement jusqu'au feuillage, l'énergie s'y concentre, et c'est donc là que la plante sera la plus riche en diverses substances actives. La pleine lune signe alors un apogée. Le potentiel de la plante regagne ensuite petit à petit les racines : la lune descendante sera alors plutôt propice aux semis. Mais chaque plante connaît aussi

* Le site www.tela-botanica.org pourra vous fournir les informations nécessaires sur la flore locale.

individuellement une période propice à sa cueillette, en fonction de sa reliance à une planète particulière, et de l'énergie qui lui est propre. D'une façon générale, préférez cueillir par jour de beau temps, le matin, après que la rosée s'est évaporée. C'est à ce moment-là que les principes thérapeutiques sont les plus concentrés. Évitez les cueillettes après la pluie, les substances actives seraient alors plus diluées. La cueillette peut se faire en conscience, en nourrissant votre intention, en remerciant le végétal sur lequel vous prélevez. Concernant la résine, le philosophe grec Théophraste conseillait de la récolter lorsque l'étoile Sirius apparaît dans le ciel, ce qui correspond aux jours les plus chauds de l'été. C'est en effet à ce moment que sa teneur en eau est la plus faible. Il est conseillé de la faire sécher durant plusieurs mois avant de l'utiliser, elle diffusera alors d'autant plus son parfum balsamique.

L'art du séchage

Plusieurs options s'offrent à vous pour faire sécher vos plantes de manière optimale, afin qu'elles ne pourrissent pas et qu'elles se conservent au mieux :

- procédez au tri et à l'émondage de vos plantes ;
- faites-les sécher à plat sur une surface ajourée (exemple : cagette en bois que l'on peut empiler), sur un tissu blanc propre ;
- si possible, retournez-les chaque jour afin que le séchage soit harmonieux ;
- pour les plantes à tiges, il est aussi possible de les faire sécher en bouquets pas trop serrés, tête en bas, dans une pièce aérée ;
- une fois bien sèches (elles doivent s'effriter facilement sous les doigts ; compter généralement quelques jours), placez-les dans des boîtes hermétiques et à l'abri de la lumière, en prenant soin de noter le nom complet de la plante ainsi que la date. Les plantes ainsi préparées se conservent en général durant un an.

La macération des feuilles, fleurs ou fruits

Certaines plantes, notamment nos plantes locales, dégagent très peu de parfum à la combustion, et se révèlent alors bien moins efficaces, si ce n'est inutiles... Afin de « réveiller » les molécules odorantes, l'alchimiste Vincent Lauvergne recommande de procéder à une macération avant la combustion. « Autrefois, on les plaçait dans des vins pour extraire les principes actifs odorifères. Dans un second temps on laissait s'évaporer le liquide, puis les matières sèches étaient intégrées à la poudre de résine ou au bois* ». Une étape qui n'est pas indispensable, mais qui permettra de mieux profiter des bienfaits de vos substances. Pour cela, commencez par réduire la plante en poudre. Puis recouvrez-la sans excès, juste de quoi recouvrir la substance, avec de l'eau, du vin rouge ou de l'huile d'olive. Laissez macérer quelques jours (minimum sept), jusqu'à ce que le parfum vous semble suffisamment présent, avant de l'utiliser.

LA CONFECTION

OPTION 1 : faire son mélange « en vrac » sur mesure

Une méthode simple pour faire son encens consiste à moudre puis à mélanger tous les

---

* Extrait d'un entretien de l'autrice avec Vincent Lauvergne.

ingrédients souhaités dans les proportions requises, et de placer directement ce mélange sur le charbon. Si l'ensemble des composantes de votre encens sont sous forme sèche, la tâche vous sera alors facilitée : il vous suffira de réduire en poudre chacun des ingrédients (avec un mortier et un pilon, ou bien un robot électrique), avant de tout assembler dans les proportions requises.

Avec un mélange d'éléments secs et humides, le processus est légèrement plus fastidieux : l'idéal sera de faire fondre les éléments « humides » (exemple : une résine non sèche) au bain-marie, puis, hors du feu, d'incorporer les éléments secs préalablement réduits en poudre et mélangés. Une fois que la préparation a refroidi, former des petites boulettes, et les laisser sécher complètement. Elles seront pratiques à stocker et à brûler sur votre charbon.

OPTION 2 : faire son bâton de fumigation

Le bâton de fumigation, appelé plus communément *smudge stick* en anglais, est une sorte de bouquet confectionné à base de plantes séchées, résineuses ou aromatiques, maintenues par de la cordelette en matière naturelle. Il est traditionnellement utilisé pour purifier un lieu, une personne ou des objets. Cette pratique de purification est omniprésente à travers l'histoire, en Égypte, chez les Romains, les Celtes, les Amérindiens... Entre autres exemples, le lichen des chênes était brûlé par les druides, la sauge blanche par les tribus amérindiennes, les Égyptiens privilégiaient quant à eux le thym...

Matériel

- De la ficelle en matière « naturelle » (coton, chanvre, raphia ou lin).
- Des ciseaux.
- Des plantes aromatiques, fleurs sauvages ou du jardin (rose, jasmin, chèvrefeuille, etc.) ou bâtonnets de résineux.

Étapes de réalisation

Faire son bâton de fumigation consiste à constituer un petit fagot avec plusieurs tiges feuillues de plantes en les ficelant. Vous pouvez utiliser une ou plusieurs variétés de plantes.

- Coupez les plantes afin qu'elles fassent à peu près toutes la même longueur.

- Assemblez-les en mettant les plus fragiles au centre.
- Attachez-les avec la cordelette bien serrée, en commençant par un nœud au bas du fagot, puis en tournant autour tout en remontant.
- Une fois en haut, redescendez en veillant à bien croiser la ficelle et terminez avec un nœud à la base du bouquet.
- N'hésitez pas à bien serrer car, en séchant, les végétaux perdent de leur masse. Coupez les éventuelles feuilles qui dépassent.
- Laissez sécher votre bâton tête en bas de deux semaines à un mois en fonction des essences, dans un endroit sec et à l'abri de la lumière. Les plantes doivent être bien sèches pour se consumer de manière douce et homogène.
- Pour utiliser votre bâton de fumigation, il suffit d'allumer l'extrémité du bâton avec la flamme d'une bougie ou d'une allumette. Éteingnez les flammes, puis faites onduler la fumée autour de vous et dans tout l'espace que vous souhaitez purifier, en le tenant à la main ou en le plaçant dans le récipient de votre choix. Le bâton s'éteint normalement tout seul au bout de quelques minutes.

Quelles plantes utiliser ?

On privilégiera des plantes riches en huiles essentielles et ayant un fort pouvoir antibactérien, ou réputées pour leur pouvoir purificateur. Traditionnellement, c'est la sauge blanche qui sert de base. À cela vous ajouterez des plantes de votre choix, par exemple : le thym, le laurier noble, la lavande officinale, la sarriette, le romarin, la menthe, des branches de pin sylvestre, etc. Si vous essayez de brûler une plante pour la première fois, faites un essai en extérieur avant de réaliser une fumigation dans votre habitat.

OPTION 3 : réaliser ses bâtonnets d'encens

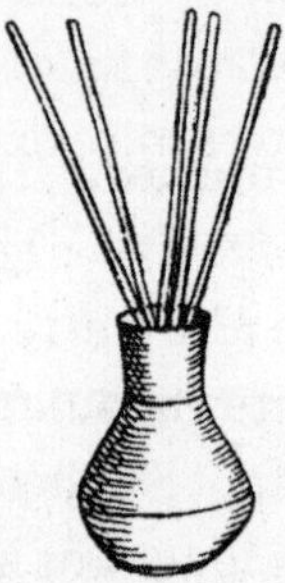

Avec Michaël Berthoud, diplômé en sciences de l'environnement, passionné par les plantes sauvages et leurs usages depuis plus de 10 ans. Il organise des sorties et ateliers sur le sujet, en Suisse.

Les bâtons d'encens à faire soi-même, composés uniquement de plantes locales, permettent de savoir exactement ce que nous brûlons, mais aussi d'utiliser des ressources proches de chez nous, et ainsi de tisser un lien fort avec la nature et notre terroir. Il sera ainsi possible de créer un encens par saison, ou d'imaginer ses propres mélanges thématiques. Les arbres résineux me semblent procurer les substances odorantes les plus faciles à utiliser pour l'encens, et facilitent en prime la combustion. Il faut toutefois s'assurer d'avoir identifié de manière certaine l'essence en question, au risque de s'intoxiquer et de récolter avec parcimonie dans le respect de la nature.

Matériel

- Un mortier et un pilon ou un moulin à café (ou un petit mixeur de bonne qualité) ;
- Substances végétales : 1/3 de résine (épicéa, sapin blanc, pin, mélèze...), 1/3 de sciure de bois, 1/3 d'« autres » (feuilles, fleurs, aiguilles ou fruits) ; ou 1/3 de résine et 2/3 de bois ;
- Un couteau et un sachet pour prélever la résine ;
- Une assiette en papier ;
- De l'eau.

Étapes de réalisation

1) La récolte

- Les résines feront office de liant pour nos bâtons d'encens, et, en durcissant, nous permettront de nous passer d'une « tige centrale ». Il est primordial de procéder à cette étape de manière à respecter l'arbre sur lequel nous prélevons la substance. En effet, la résine a une fonction essentielle, permettant à l'arbre de lutter face à une agression. Lorsqu'une branche casse, qu'un insecte l'agresse et vient se nourrir de son bois, il produit la résine, qui agit comme l'équivalent de la croûte sur la peau humaine. Aussi, pour une récolte éthique, on ne prélèvera pas la résine directement sur la blessure, mais uniquement celle qui se trouve autour, le surplus. À l'aide de la pointe d'un couteau, prélevez de préférence la résine déjà sèche.
- Le bois peut être récolté dans la nature, il suffira de choisir celui qui nous plaît, une branche morte de préférence. Nous pouvons prendre une branche du même arbre que celui d'où provient la résine, ou un autre (hêtre, chêne...). Mais le plus simple est d'aller dans une scierie ou chez un ébéniste, et

de lui demander de la sciure, ce qui vous permettra de la réduire en poudre fine plus facilement (cf. étape 3).

- Enfin, récoltez vos feuilles, fleurs, aiguilles ou fruits. On peut choisir des plantes qui nous parlent, nous plaisent, ont une histoire, ont des vertus médicinales... Les feuilles et les fleurs ne dégagent en général pas beaucoup d'odeur à la combustion, exception faite de quelques-unes, telle la sauge, qui contient beaucoup d'huiles essentielles.

2) Le séchage

Pour faire sécher votre résine, deux options s'offrent à vous :

- la laisser sécher à l'air libre durant plusieurs mois ;
- la congeler puis procéder à l'étape 3 (mixage), elle sera ainsi friable.

Concernant le séchage des autres parties de la plante, reportez-vous au chapitre précédent (« Faire ses encens. L'art du séchage », p. 110).

3) Moudre ses plantes

- Cette étape doit être réalisée de préférence à la dernière minute afin de garantir que vos substances ne soient pas oxydées. Évitez donc de préparer de grosses quantités, car sous forme de poudre les matières se conservent moins bien.

- Pour moudre la résine et les plantes sèches, il vous suffira d'un mortier bien rugueux et d'un pilon, mais il va être difficile de se passer d'un bon robot mixeur avec un petit bol en verre (type moulin à café), car certaines substances sont très dures et peu friables. Si vous avez assez de quantité, un blender en verre fera l'affaire.

- Concernant le bois, la tâche est un peu plus ardue. Vous pouvez le réduire en poudre grâce à une râpe, de type râpe à muscade, ou, s'il s'agit de copeaux, les passer au mixeur pour les affiner au maximum.

- Pour obtenir une poudre extrêmement fine, on peut, si on le souhaite, utiliser en complément une passoire fine en dernière étape.

4) Assembler les ingrédients

Pour un gros bâton d'encens, mélanger à parts égales deux cuillerées à café de résine, deux de bois et deux de feuille/fleur de votre choix. Ceci est la recette de base qui pourra être modifiée selon les ingrédients.

- Dans l'assiette en papier, mélanger les poudres de façon bien homogène, et ajouter progressivement de l'eau, en toute petite quantité. Malaxer le mélange en façonnant une pâte qui doit tenir d'elle-même.
- À un moment, la consistance sera optimale et vous permettra de mouler du bout des doigts la substance en forme de bâton (si vous avez mis trop d'eau, ajoutez simplement un peu de chaque poudre). Le bâton devra faire de 0,5 centimètre à 1 centimètre d'épaisseur maximum.

5) Séchage et utilisation

- En fonction des ingrédients choisis, le séchage à l'air libre pourra prendre entre 2 et 5 jours. Pour accélérer le processus, n'hésitez pas à placer votre bâton sur un radiateur, dans un déshydrateur, ou dans un four entrouvert.

- Pour faire tenir l'encens, placez-le dans un bol avec du sable.
- Un seul bâton d'encens peut être utilisé une multitude de fois, et dégagera beaucoup de fumée. Pour l'allumer, il faudra parfois vous y reprendre à plusieurs fois. Soufflez sur la flamme, et éventez votre bâton afin qu'une petite braise consume le tout début de ce dernier. Pour l'éteindre après chaque utilisation, écrasez délicatement la partie allumée dans le sable.
- Pour conserver vos encens, rangez-les dans une boîte hermétique à l'abri du soleil*.

LA CONSERVATION

En ce qui concerne la conservation de vos encens, choisissez des pots en verre ou en céramique et assurez-vous qu'ils soient bien propres et secs avant d'y placer votre produit, et de bien

* Plus d'informations et de formations en ligne : cueilleurs-sauvages.ch
Retrouvez toutes les étapes de fabrication de l'encens en vidéo : https://cueilleurs-sauvages.ch/fabrication-encens-formation/

les fermer hermétiquement. Mettez-le dans un endroit à l'abri de la lumière et de l'humidité, et n'oubliez pas d'étiqueter vos pots, en mentionnant le détail des ingrédients ainsi que la date de confection. D'une façon générale, il est préférable de faire son encens à la dernière minute pour éviter que les plantes ne s'oxydent avec le temps. Si vous décidez toutefois de stocker votre encens pour pouvoir l'utiliser dès que le besoin se fait sentir, alors assurez-vous que son parfum est toujours bien vif. Si l'odeur est passée, vous brûlerez une substance « morte », ayant perdu ses propriétés. Il est alors préférable de jeter le produit.

Chapitre 5

SUR MON AUTEL : LES RITUELS SACRÉS

« Au sommet de la montagne, j'ai fait une offrande : j'ai posé sept fois sept bols à encens et y ai placé de l'açore odorant, du bois de cèdre et du myrte. Les dieux ont senti l'arôme, les dieux ont humé l'agréable parfum, attirés comme des mouches, les dieux entouraient celui qui leur faisait offrande. »

L'Épopée de Gilgamesh *(1200 av. J.-C)*

DÉFINITION ET CADRE

Un rituel définit une « action réglée par une coutume immuable », et désigne également les « gestes, symboles, prières formant l'ensemble des cérémonies d'une religion* ».

* Source : dictionnaire Larousse.

Ne négligeons pas leur puissance ! Célébrés depuis la nuit des temps, ils rythment nos quotidiens, nous relient à nous-mêmes et aux sphères célestes, et permettent de marquer les grands passages. Dans de nombreux pays d'Asie, ils sont indissociables de chaque geste du quotidien.

Dans le cadre de la magie, les rituels permettent d'activer des forces grâce auxquelles une (des) aspiration(s) se matérialise(nt). Ils ont un effet « condensateur » sur les énergies subtiles, si bien que ce qui se passe sur le plan « invisible » peut alors moduler le visible, donner lieu à la matérialisation. Par ailleurs, les rituels favorisent notre évolution personnelle, nous accompagnant à vivre certaines étapes de notre vie avec conscience, qu'il s'agisse de naissance, de mort, d'épreuve, de changement de saison... Ils nous permettent ainsi de nous tourner vers la nouveauté, et, à la manière des serpents, de nous libérer de nos « vieilles peaux » et de laisser derrière nous le passé. Enfin, comme en témoignent les traditions chamaniques, ils nous relient à nos ancêtres et sont un pont pour invoquer des énergies spécifiques comme celles des anges, des esprits de la nature, ou d'autres êtres des sphères subtiles.

Réalisés en groupe, ils verront leur force décuplée, chaque conscience et intention s'additionnant pour former un égrégore (esprit de groupe constitué par l'agrégation des intentions, des énergies et des désirs de plusieurs individus unis dans un but bien défini) d'autant plus actif. En bref, ils sont un véritable allié dans nos vies, gestes de sagesse perpétués depuis la nuit des temps. Les rituels pratiqués avec l'encens ne doivent en aucun cas impliquer quiconque sans son accord, ou être réalisés pour nuire. À vos risques et périls si vous vous engagez dans de telles voies, la loi de cause à effet étant souvent peu clémente...

Un système symbolique et analogique

Sous la plume de Charles Baudelaire, dans le poème « Correspondances » issu des *Fleurs du mal* (1857), on peut lire : « Les parfums, les couleurs et les sons se répondent. » Ce poème exprime parfaitement le sens des correspondances et l'essence du rituel qui opère selon un système analogique. C'est ce que décrit avec beaucoup de finesse Jean-Charles Coulon, de l'Institut de recherche et d'histoire des textes (IRHT-CNRS) : « Tout rituel magique repose sur la mise en action d'un système symbolique et analogique afin d'y traduire le plus parfaitement possible l'objectif visé. Le rituel, comme le talisman, est un microcosme qui doit refléter le nouvel équilibre que le magicien entend instaurer dans le macrocosme. Tous les sens peuvent être mis à contribution car tous perçoivent et correspondent à des éléments traduisibles en termes analogiques. L'odeur, du fait même de son immatérialité, y a une part importante[*]. » Aussi, au-delà de l'encens, réunir un certain nombre d'objets (photos, statues, éléments de la nature, dessins...), selon l'idée que « le semblable appelle le semblable », permettra de concentrer le plus grand nombre d'éléments en harmonie avec l'effet souhaité.

CRÉER SON AUTEL

Que ce soit chez soi ou dans son jardin, brûler de l'encens dans le cadre d'un rituel peut se faire sur un autel, qui permettra de créer un cadre protecteur.

* https://journals.openedition.org/beo/4679

Étymologiquement, on y retrouve deux notions : la hauteur (du latin *altar*, à la fois « élévation » et « profondeur ») et la nourriture (du latin *alere*, « alimenter, se sustenter »). Ce qui est sacré et qui touche à l'intime a besoin d'un espace, d'un contour qui permet de le protéger. C'est ce que matérialise l'autel – lieu de transformation et de mise en relation du monde intérieur et du monde extérieur. Cet espace est en quelque sorte votre continuité dans la matière. Il peut évoluer sans cesse en fonction des envies du moment. Par définition, hormis dans le cadre religieux, il n'existe pas d'autel « type ». L'essentiel est qu'il vous ressemble, que vous aimiez cet espace et en preniez soin. Une possibilité est d'y placer des objets représentant les quatre éléments, évoquant le règne animal, des photos ou des figurines qui vous touchent, sans compter les plantes à brûler, encens et bougies... À titre personnel, une statue de la Vierge côtoie celles de Bouddha et d'Amma, des pierres de lithothérapie, un morceau de bois qui m'évoque la forme du sexe féminin, deux figurines qui représentent le couple, des plumes trouvées dans la nature, des bougies, et toujours quelques fleurs fraîches cueillies dans les champs. Sans compter, bien sûr, mon récipient à encens, une petite déesse en terre que j'ai confectionnée.

→

Prenez le temps de rassembler les éléments pour le constituer. Choisissez un emplacement où vous ne serez pas dérangé, et consacrez votre espace en allumant une bougie, et en invoquant les énergies qui vous touchent.

CLASSIFICATIONS DES ENCENS EN MAGIE

La loi des semblables

Diverses classifications vous permettront de choisir plus aisément l'encens adapté à votre rituel. Très souvent, la forme que revêt la plante en question, sa couleur, son odeur, nous indiquent sa fonction, et ce qu'elle soigne. On appelle cette idée la « loi des Signatures ». Par exemple, une plante dont la tige a une forme rappelant celle de la colonne vertébrale, comme la prêle des champs, aurait des vertus thérapeutiques à l'égard de cette dernière. Et, en effet, la prêle des champs est bien une plante reminéralisante. Autre exemple, la pulmonaire, *Pulmonaria officinalis,* dont la feuille, similaire par sa forme à un poumon, soigne les maux pulmonaires. Cette loi idée repose donc sur le principe : « *Similia similibus curatur* », qui signifie : « Les semblables soignent les semblables. » Elle fut à la base de la médecine durant des siècles, et a fortement influencé la science moderne. On retrouve la même idée dans la plupart des cultures du monde, de l'Europe à la Chine, en passant par l'Amérique précolombienne, ou encore la culture bambara au Mali.

Une classification hermétique

De par leur vibration, leur qualité, certaines fragrances permettent une élévation, qui sert à établir des ponts entre le monde d'en bas et celui d'en haut, mais aussi entre nous et notre âme. Porteuses d'archétypes, elles permettent de développer nos qualités les plus nobles et de nous réaliser sur tous les plans.

La classification opérée dans la tradition hermétique est par ailleurs une bonne piste pour faire un choix entre différents encens : « On a classifié tout ce qui se trouve sur terre en fonction des cosmogonies, les dieux étaient associés aux planètes et il en était de même pour les plantes. Par exemple, la rose est associée à la planète Vénus, l'acacia à Mercure* », partage l'alchimiste Vincent Lauvergne. De façon traditionnelle, les encens sont ordonnés en fonction de leurs affinités avec les quatre éléments : la Terre (chêne, lierre, hellébore, lichen, saule, pin, sapin...), l'Eau (nénuphars, cucurbitacées, concombres, courges, laitues, endives, melons, salades, cresson, joncs, roseaux ...), l'Air (noyer, laurier, dattier, rosier, jasmin, peuplier, marronnier, platane, romarin...) et le Feu (oranger, citronnier, grenadier, ail, vigne, safran, thym, muscadier, cannelier, poivrier, gingembre...). Un second niveau de classification les associe aux planètes du système solaire, et aux douze signes astrologiques, puisque chaque plante capterait et condenserait des influences planétaires spécifiques.

Voici quelques propositions non-exhaustives permettant de différencier par vous-même les propriétés subtiles des encens** :

* Vincent Lauvergne, *Traité des encens et des condensateurs fluidiques, op. cit.*
** Selon la classification de Vincent Lauvergne.

En fonction des éléments

Terre

- **Identification :** résine à l'aspect dur, sec, parfum âcre.
- **Propriétés :** ces résines ont pour particularité de concentrer l'énergie.
- **Exemples :** chêne, lierre, chanvre, hellébore, lichen, pin, sapin, saule, buis...

Eau

- **Identification :** plantes aimant l'eau ou poussant dans l'eau, parfum fleuri ou fade, ou putride.
- **Propriétés :** circulation des énergies et des émotions, purification.
- **Exemples :** nénuphar, iris, persil, mauve, algue, peuplier, roseau, jonc, cresson...

Feu

- **Identification :** plantes épicées, capiteuses, colorées, de croissance rapide.
- **Propriétés :** dynamisme, aphrodisiaque, destruction.

- **Exemples :** cannelle, girofle, poivre, camomille, sauge, gingembre, romarin, muscade, pin, cèdre...

Air

- **Identification :** parfum aérien, doux, sucré.
- **Propriétés :** harmonie, confort, amour.
- **Exemples :** jasmin, marronnier, platane, bourrache, benjoin, verveine, guimauve, violette, tilleul...

En fonction des planètes

Le symbolisme astrologique

Les Grecs croyaient en l'influence des astres, et pensaient qu'en associant chaque planète à une senteur, elles permettent de trouver sa voie, son chemin propre, comme le décrit Suzanne Fischer-Rizzi : « On associait aux étoiles et aux hommes des senteurs et des encens libérant des énergies capables d'accompagner chaque individu dans son parcours terrestre et sa destinée céleste*. » Ainsi, la combustion de plantes permettait une fois encore de faire le lien entre la terre, le ciel (les astres), et les

* Suzanne Fischer-Rizzi, *Le Guide de l'encens, op. cit.*

hommes, chacun vibrant en harmonie, et à l'unisson. Pour le psychiatre Carl G. Jung, les fumigations astrologiques permettraient même à des événements apparemment indépendants de se synchroniser.

En magie, d'une façon générale, toute résine et tout parfum peuvent être associés aux astres, c'est-à-dire aux planètes, mais aussi aux signes astrologiques. Ainsi, un mélange d'encens combiné selon les données astrologiques d'un individu permet de le soutenir et de le régénérer, les caractéristiques de ce dernier se retrouvant en quelque sorte au sein de ces effluves. Par ce biais, nous pouvons aussi explorer les autres signes du zodiaque de manière plus intime, plus profonde.

Les éléments et les planètes

Les Grecs avaient aussi théorisé une association des éléments avec les encens. Il est alors possible de faire le lien avec les signes astrologiques, puisque chaque signe est relié à un élément :

- **Bélier (21 mai-19 avril) :** élément feu ; cannelle, cèdre, estragon, gingembre, girofle, verveine, coriandre, thym, laurier-sauce...

- **Taureau (20 avril-20 mai) :** élément terre ; rose, bois de santal, safran, aneth, patchouli, ambre, vanille, anis étoilé, cardamome…
- **Gémeaux (21 mai-21 juin) :** élément air ; lavande, menthe, camphre, coriandre, bois de santal, graines de fenouil, verveine…
- **Cancer (22 juin-22 juillet) :** élément eau ; pin, lavande, ambre, patchouli, rose, vanille, jasmin, cèdre, résine du cerisier, myrte…
- **Lion (23 juillet-22 août) :** élément feu ; oliban, benjoin, bois de santal, cannelle, girofle, angélique, anis étoilé, muscade, cèdre…
- **Vierge (23 août-22 septembre) :** élément terre ; bois de santal, cannelle, myrte, benjoin, sapin, armoise, marjolaine, pin, sauge, oliban…
- **Balance (23 septembre-23 octobre) :** élément air ; rose, safran, girofle, bois de santal, musc, coriandre, ambre, vanille, jasmin, benjoin…
- **Scorpion (24 octobre-22 novembre) :** élément eau ; romarin, souchet, noix de muscade, copal noir, racine d'iris, patchouli…
- **Sagittaire (23 novembre-22 décembre) :** élément feu ; girofle, pin, cardamome,

coriandre, cèdre, benjoin, cannelle, gingembre, laurier-sauce...

- **Capricorne (23 décembre-20 janvier) :** élément terre ; cyprès, cèdre, sapin, genévrier, armoise, myrte, oliban, mousse de chêne, vétiver...
- **Verseau (21 janvier-19 février) :** élément air ; marjolaine, pin, menthe, cardamome, sauge, eucalyptus, anis étoilé, camphre, cyprès...
- **Poissons (20 février-20 mars) :** élément eau ; pin, jasmin, fenouil, propolis, thuya, camphre, benjoin, vanille, sauge, mousse de chêne...

Ces classifications ne sont pas figées, variant d'une tradition à l'autre. Certaines plantes ou résines pouvant être associées à plusieurs planètes ou éléments, en fonction de leur usage. Chaque élément (eau, feu, air, terre) pourra être intégré à vos rituels grâce à l'encens choisi, mais aussi par le biais d'autres symboles. Il pourra s'agir de figures de dieux ou de déesses, d'éléments de la nature, etc. Une petite coupelle d'eau vous permettra par exemple de vous relier à cet élément que l'on associe au monde émotionnel, tandis qu'une plume, associée à l'air, vous reliera au monde de l'intellect et des pensées, et pourra vous apporter une forme de légèreté.

QUELS ÉLÉMENTS SONT EN EXCÈS OU EN CARENCE CHEZ VOUS ?

Pour savoir quels éléments sont présents en excès ou en carence en vous, plusieurs approches s'offrent à vous. En astrologie, il est possible, grâce à la position des planètes dans votre « ciel de naissance », de calculer le nombre de signes dans chaque élément, et d'en déduire certains déséquilibres. Votre thème de naissance peut être généré automatiquement sur certains sites (par exemple : *astrotheme.fr*), mais il vous faudra pour cela connaître votre heure de naissance. Par exemple, pour une personne née le 05/06/1986 à Lyon, à 14 h 15, cela donne :

- Soleil : Gémeau (air)
- Ascendant : Vierge (terre)
- Lune : Taureau (terre)
- Vénus : Cancer (eau)
- Mercure : Gémeaux (air)

- Saturne : Sagittaire (feu)
- Jupiter : Poissons (eau)
- (Et ainsi de suite...)

Soit 2 air, 2 terre, 2 eau, 1 feu. On pourrait ici en déduire une petite carence en feu.

Sinon, il vous suffit de lire comment se manifeste une distorsion des éléments en nous, ou au contraire une carence, en vous référant à la liste suivante, et de voir ce qui vous parle de plus. Vous pourrez par la suite rééquilibrer ces tendances grâce aux encens adaptés.

Manifestation des éléments en excès

- **Eau :** vulnérabilité, émotions excessives, dépendance affective.
- **Feu :** tendance à la colère, bilieux, égotique, impulsif.
- **Air :** excès de pensées, intellectualisation, impulsivité, manque de stabilité, difficulté à s'incarner, à mettre les projets dans la matière.
- **Terre :** rigidité, matérialisme exacerbé, lenteur, inflexibilité.

Manifestation des éléments en carence

- **Eau** : difficulté à vivre et à exprimer ses émotions.
- **Feu** : manque d'élan, découragement facile, difficulté à se positionner et à poser des limites.
- **Air** : manque de perspective, difficulté d'adaptation.
- **Terre** : difficulté à vivre les réalités du monde matériel, fuite des responsabilités, usage de drogues pour s'échapper du monde réel.

EXEMPLES DE RITUELS

J'ai souhaité vous proposer quelques rituels simples et utiles, concernant des problématiques du quotidien. Ils sont une première étape pour vous permettre de mieux appréhender le monde des encens, et d'envisager dans un second temps des modes opératoires plus élaborés que vous pourrez créer par vous-même.

Les purifications et protections

Purifier sa maison ou un objet

Ici, il n'est pas question d'un nettoyage de la maison au sens de « désinfection » de l'air, mais bien d'un nettoyage subtil. En effet, les émotions négatives ou les événements difficiles de votre existence, comme ceux des habitants qui vous ont précédé dans les lieux, restent comme « suspendus » dans l'air et figés dans le temps, faisant baisser le taux vibratoire de votre habitat... et le vôtre. De même, il se peut que des « entités », des esprits, soient présents dans les lieux, parasitant la vie des occupants de manière plus ou moins manifeste. C'est sans compter sur les énergies qui règnent dans les lieux de travail, ou dans les hôpitaux, ou les empreintes laissées sont majoritairement lourdes et négatives. Pour toutes ces raisons, une purification des lieux personnels ou professionnels, quand le besoin se fait sentir, s'avère toujours bénéfique.

Une méthode simple consiste à laisser se consumer une petite quantité d'encens dans une pièce close. On peut y ouvrir toutes les portes et tiroirs qui s'y trouvent, afin que la fumée pénètre partout. Une fois le processus terminé, vous pourrez aérer généreusement afin que les dernières énergies récalcitrantes s'échappent. Seuls persisteront un parfum léger, et une ambiance manifestement allégée.

Vous pouvez aussi circuler dans la pièce avec l'encens et passer dans chaque angle et recoin, en récitant une prière de votre choix, ou une phrase simple (par exemple : « Que cette pièce soit nettoyée de toute énergie stagnante néfaste, qu'elle soit remplie de lumière... »), ou en visualisant que l'ambiance s'allège, que la noirceur laisse place à la lumière. Imaginez que toutes les énergies sombres sont capturées par la fumée et transmutées. En complément, l'utilisation d'un tambour, d'un bol tibétain, d'un gong ou autres instruments « rituels » peut contribuer à la purification du lieu. Si vous utilisez de la sauge blanche, il est coutume de laisser se consumer l'intégralité du « fagot ». Libre à chacun cependant de faire comme il le peut, en fonction aussi du volume de la pièce.

Le même principe peut s'appliquer au « nettoyage » d'un meuble ancien, ou d'un bijou. Passez-le simplement dans la fumée en récitant la formule de votre choix, et/ou en visualisant que l'objet est délivré de ses énergies sombres.

Quelles plantes utiliser ? Sauge blanche, armoise, laurier-sauce (à ne pas confondre avec le laurier-rose, décoratif et toxique), oliban, genévrier...

TÉMOIGNAGE D'UN NETTOYAGE « ANIMÉ »

« Il y a quelques années, j'ai fait l'acquisition d'une vieille maison. Bien évidemment, j'ai voulu purifier les lieux par la fumigation avant d'emménager. [...] Nous avons donc fermé toutes les pièces et nous nous sommes déplacés de pièce en pièce munis de tambours, de gongs et, bien sûr, d'un encensoir fumant. Cette journée était radieuse, sans nuage. Après avoir fumigé les pièces à deux reprises, nous avons ouvert toutes les portes et toutes les pièces afin que la fumée s'en aille. Quand soudain, une tempête violente s'est approchée. Le ciel s'est obscurci, des sifflements et des grincements se sont fait entendre dans ma jolie maison. Une porte en verre a explosé dans un grand fracas. Nous avons eu l'impression que les esprits se précipitaient à toute vitesse hors de la maison. Même à trois, nous avons été incapables de fermer les fenêtres à temps.

→

Le cauchemar a pris fin quinze minutes plus tard. Le soleil rayonnait dans toute sa splendeur, pas le moindre nuage n'était visible à l'horizon*. »

Nettoyage énergétique des corps

Chez les Amérindiens, rituels, cérémonies et guérisons sont la plupart du temps émaillés de la pratique d'une fumigation destinée à se purifier intérieurement, et à réharmoniser nos corps énergétiques. Généralement, il s'agit d'un rituel collectif durant lequel le chaman s'approche tour à tour de chaque participant, en respectant le sens de rotation des aiguilles d'une montre. Il évente la fumée sur le participant et parcourt l'ensemble de son corps, côté pile et côté face, puis en direction de la terre. Tous deux imaginent alors la purification qui opère. Chants et instruments peuvent accompagner la cérémonie.

De la même manière, il est possible de réaliser une fumigation purificatrice sur soi ou sur

* Susanne Berk, *Encens, usages, effets, rituels,* Macro Éditions, 2015.

un proche. Un bouquet de sauge blanche est souvent utilisé pour cela, que l'on peut aussi remplacer notre laurier aromatique local. L'important est alors la visualisation, et l'intention, qui permettra aux fumées d'opérer leur nettoyage subtil. Vous pouvez si vous le souhaitez terminer avec un bain aux sels, après la purification par le feu et l'air, celle de l'eau...

Quelles plantes utiliser ? Sauge blanche, oliban, laurier...

Rituel de protection

Le rituel de protection sera idéalement précédé d'un rituel de purification. Il vous permettra de vous protéger des pensées, émotions et énergies que vous vivez comme négatives, vous permettant ainsi de préserver votre force vitale. Asseyez-vous face à votre autel et allumez votre encens. Fermez les yeux puis prenez un temps pour vous relier à votre corps : sentir les pieds posés au sol, les fessiers sur la chaise, le contact du dos sur la chaise, des vêtements sur votre peau, etc. Puis focalisez-vous sur votre respiration, qui doit rester naturelle. À mesure que vous expirez, visualisez qu'une bulle se forme autour de vous, englobant progressivement l'ensemble de votre corps. Cette enveloppe protectrice est de couleur bleu clair, et vous protègera de toutes les influences néfastes. Terminez le rituel, puis dès que le besoin se fait sentir, lors d'une situation où vous vous sentez « envahi » par exemple, ou agressé, visualisez votre bulle.

Quelles plantes utiliser ? Oliban, ambre, genévrier, thym, sauge blanche, fumeterre, tulsi...

Rituels bien-être

Pour méditer, se détendre

Allumer de l'encens est un geste qui, à lui seul, permet d'accéder à la détente, à un état de conscience modifié, et à une hausse de notre taux vibratoire. Pour profiter d'autant plus de ses bienfaits lors de vos méditations, veillez à être assis le dos bien droit, en imaginant qu'un fil doré prolonge votre colonne vertébrale, jusqu'aux sphères célestes. Si vous vous sentez agité, n'hésitez pas à démarrer avec un exercice de respiration. Par exemple, inspirez, retenez votre respiration, expirez, puis rester poumons vides, le tout sur un même temps (par exemple, durant 4, 6, 8 secondes pour chaque phase). On appelle cette méthode la « respiration en carré ». Si des pensées s'invitent lors de vos méditations, appuyez-vous sur l'encens pour les laisser passer ; à la lumière de ces volutes immatérielles en mouvement perpétuel, laissez passer les pensées sans vous y accrocher.

Quels encens choisir ? Bois de santal, Palo Santo, storax, oliban, benjoin, lavande...

Pour lâcher prise et retrouver la sérénité

Lorsque nous sommes confrontés à des passages compliqués, dans notre vie professionnelle ou personnelle, il est souvent difficile de lâcher prise. Le mental, en roue libre, ressasse le passé ou projette des scénarios anxiogènes vers le futur. Un rituel vous permettra de vous recentrer, de calmer les pensées invasives, afin de réamorcer un cercle vertueux.

Une fois votre encens sélectionné, prenez quelques instants de recentrage, d'ancrage, et reliez-vous à votre cœur, avant de nommer intérieurement votre intention. Puis allumez votre encens. Imaginez maintenant que l'objet de vos préoccupations, ainsi que toutes les pensées toxiques, s'élèvent avec la fumée, et sont transformés en lumière dans les sphères célestes. Appuyez-vous sur votre respiration tout au long du rituel : à l'inspire, imaginez que vous accueillez en vous un futur radieux, serein, joyeux... À l'expire, imaginez que toutes vos préoccupations quittent votre corps. N'hésitez pas à renforcer cet ancrage par des visualisations de couleurs, de formes ou de matières. Par exemple, vous inspirez du bleu ciel pailleté, léger. À l'expire, vous expulsez du noir, opaque, collant. Continuez ainsi jusqu'à sentir une détente complète investir votre corps.

Puis prenez le temps de remercier l'esprit de la plante, vos guides et autres entités (en fonction de vos croyances), sans oublier de vous remercier. Ce rituel peut être répété plusieurs jours d'affilée, jusqu'à ce que vous sentiez la sérénité durablement installée, et un nouveau processus à l'œuvre.

Quels encens choisir ? Rose, romarin, armoise, ambre, santal, oliban, cèdre, myrte, élémi, camphre, anis étoilé, cardamome, patchouli...

Pour inviter les rêves initiatiques

Dans de nombreuses sociétés traditionnelles, au cours de l'histoire, le rêve a été un moyen de s'affranchir du temps et de l'espace ordinaires, pour accéder au surnaturel, aux ancêtres, ou encore comme un moyen de guérison, de connaissance et de révélation. Dans de nombreuses cultures anciennes, l'« incubation » est un rite qui consistait à s'endormir près d'un lieu consacré (grotte, sanctuaire, tombe...) pour obtenir, sous la forme d'un rêve ou d'une vision, les prescriptions d'un dieu guérisseur. De même, chez les peuples de l'Antiquité, l'oniromancie était un mode de divination privilégié... Le rêve peut ainsi apporter des clés puissantes pour comprendre nos blocages, les transformations en cours, et nous souffler les rituels à effectuer pour accélérer notre libération. Certains encens peuvent contribuer à nous relier à d'autres dimensions, à mieux nous souvenir des rêves, et à obtenir les réponses à nos préoccupations. L'art du rêve se cultive ! Noter nos rêves au réveil, tenter d'en comprendre le sens permet d'instaurer un dialogue avec eux, et d'obtenir des visions toujours plus claires. Lorsque vous brûlez votre encens, émettez l'intention de vous souvenir de vos rêves, et d'obtenir une réponse à « telle » question. N'oubliez pas de remercier l'esprit des plantes, qui vous accompagnera lors de ce voyage. Si vous n'obtenez pas tout de suite de résultat, reproduisez l'expérience plusieurs nuits d'affilée, sans oublier d'aérer si vous brûlez l'encens dans votre chambre...

Quels encens choisir ? Armoise, anis, tulsi, verveine, sauge divinatoire, copal blanc, sureau, gui, laurier-sauce, élémi, noix de muscade, fleurs de nénuphar...

Pour favoriser le sommeil

Il est possible de brûler un petit peu d'encens dans sa chambre avant de se coucher, en prenant soin de bien aérer avant de dormir. N'ayez pas la main trop lourde, contentez-vous de brûler une petite quantité de plantes, qui vous apporteront le coup de pouce nécessaire pour passer une douce nuit. Certaines essences aux vertus relaxantes, équilibrantes, protectrices vous aideront à trouver le sommeil, et à bénéficier d'une nuit réparatrice. Vous pourrez, si vous le souhaitez, poser une intention au moment d'allumer l'encens : avec humilité, demandez aux forces supérieures de l'aide, par exemple pour vous endormir rapidement et bénéficier d'un sommeil réparateur, être guidé et protégé durant la nuit, que votre corps soit réénergisé, etc. Au moment du rituel, visualisez que les miasmes énergétiques qui stagnent dans la pièce sont évacués, et qu'une lumière colorée (bleu clair, dorée, violette...) emplit les lieux. Puis couchez-vous si possible immédiatement après le rituel, pour bénéficier de l'état de détente contacté grâce aux plantes.

Quels encens choisir ? Oliban, bois de santal, myrrhe, lavande, boutons de rose, cannelle, safran, bois d'agar, ase fétide...

Pour retrouver l'énergie

Certains encens peuvent nous aider à retrouver entrain et énergie durant les périodes où nous nous sentons affaiblis ou découragés. Dans ce cas, les plantes associées à l'élément feu (voir aussi p. 133) peuvent aider. Une fois confortablement installé auprès de votre autel, allumez votre encens. Puis fermez les yeux, et laissez-vous toucher par ses odeurs chaudes et capiteuses, imaginez les fumées qui entrent dans votre corps et touchent vos cellules, activant l'énergie en chacune d'elles. Dans votre esprit, faites apparaître un symbole de votre énergie vitale : cela peut être un bel arbre, par exemple, un torrent, les vagues qui se brisent sur les rochers... À mesure de vos inspirations et expirations, imaginez maintenant que ce symbole gagne en force : par exemple, l'arbre croît et étire ses branches plus haut vers les cieux, son tronc s'épaissit, et ses racines s'enfoncent dans les entrailles de la terre. Sentez votre propre énergie qui augmente durant la visualisation. Puis prenez le temps de remercier pour ces énergies nouvelles. Vous pouvez terminer avec une douche fraîche, en imaginant que l'eau lave tout ce qui pourrait encore vous retenir d'être pleinement vivant et disponible à vos projets, et vous charge de son énergie pétillante.

Quels encens choisir ? Pin, sapin, cèdre, genévrier, gingembre, armoise du désert, rhododendron de l'Himalaya, lis, acore odorant, girofle, camphre...

Rituels pour déployer vos capacités

Retrouver l'inspiration

Si vous pratiquez une activité artistique, quelle qu'elle soit (arts plastiques, théâtre, chant, danse, musique, etc.), vous êtes sûrement sujet à des moments où votre créativité est en berne. Le fait de brûler certaines plantes vous permettra de vous détacher du mental pour vous relier à la source de toute inspiration. Ce rituel est simple : il vous suffit, avant de démarrer votre activité, de prendre un temps de méditation. Face à votre autel, assis confortablement par terre ou sur une chaise, fermez les yeux et reliez-vous à votre souffle, qui entre et sort par le nez. Souvenez-vous alors de moments où vous avez fait preuve de beaucoup d'inspiration : qu'étiez-vous en train de créer ? Quelles étaient les couleurs, les sons, les sensations ? Qu'avez-vous ressenti une fois votre œuvre ou activité achevée ? Prenez tout le temps de cette immersion. Puis émettez une intention affirmative en votre for intérieur, par exemple : « Je suis relié à moi-même, et dans le flux de toute créativité. » Répétez cette affirmation plusieurs fois, si besoin. Puis allumez votre encens, et observez quelques instants les fumées danser, avant de pratiquer l'activité de votre choix.

Quels encens choisir ? Oliban, benjoin, fleurs de cannelier, baumier de Tolu, fèves de Tonka, anis étoilé, labdanum...

Développer son intuition

Étymologiquement, « intuition » vient de *intuitio,* qui désigne l'« image regardée dans un miroir », et de *intueri,* qui signifie « contempler à l'intérieur ». *Intueri* désigne donc l'acte de regarder en soi. Certaines plantes ont la particularité de nous ouvrir à d'autres plans de conscience, et d'offrir l'aide nécessaire pour amorcer cette connexion, comme en attestent les chamans qui les utilisent depuis des temps immémoriaux, notamment pour obtenir des « visions ». Pratiquer ce rituel d'intuition un soir de pleine lune vous permettra d'amplifier son efficacité...

Placez-vous dans une pièce où vous ne serez pas dérangé, coupez les téléphones et créez une atmosphère propice à l'introspection, en allumant des bougies, par exemple, et en tamisant la lumière. Puis allumez votre encens en émettant l'intention de développer votre « troisième œil ». Il n'y a pas grand-chose à faire si ce n'est de laisser la magie des effluves sacrés opérer, en cultivant un état de présence. Pour vous aider, vous pouvez imaginer que vous respirez par le biais de votre troisième œil, situé à mi-chemin entre vos deux yeux... Puis observez sans jugement vos sensations, et toutes les manifestations qui peuvent poindre, qu'il s'agisse d'images, de couleurs, d'émotions (en fonction de vos sens dominants)... Vous êtes déjà relié à d'autres mondes ! Avec le temps, et en répétant ce rituel régulièrement, vous pourrez vous exercer à poser des questions relatives à vos préoccupations, à des décisions à prendre, et sentir de plus en plus clairement la voie à choisir au travers des manifestations de votre corps.

Quels encens choisir ? Laurier, armoise, gui, sauge blanche...

Nourrir l'amour

« Emplis ta demeure d'une multitude de parfums, senteurs musquées et fragrances délicieuses, roses, fleurs d'oranger, narcisses, fleurs de jasmin, jacinthes, œillets… Dispose dans l'encensoir doré de l'aloès et de l'ambre… Lorsque les volutes de fumée odorante sont suffisantes, fais venir ta bien-aimée. Respirer ces parfums sera pour elle un plaisir… jusqu'à tomber en extase. »

Cheikh Nefzaoui

Je suis personnellement totalement contre les rituels visant à influer sur les sentiments amoureux d'une tierce personne (ou toute forme de sentiment, d'ailleurs !), d'autant plus si c'est sans son accord. En revanche, certains rituels peuvent contribuer à nourrir un amour existant, ou à favoriser une ambiance sensuelle dans le cadre du tantra, par exemple. Ils seront d'autant plus puissants lorsque pratiqués à deux, dans l'union sacrée du masculin et du féminin. Ainsi, le rituel et les senteurs interviendront pour nourrir et favoriser une relation existante, créer des conditions propices à l'épanouissement de l'amour, du désir, d'une rencontre amoureuse et d'une connexion en profondeur, etc. Le fait de créer une atmosphère odorante propice à l'amour ne date pas d'hier. Déjà, dans l'Égypte antique, la couche conjugale était parfumée de substances odorantes, ouvrant la voie au plaisir des sens...

Dans le cadre du rituel, l'ensemble des stimulations sensorielles compte : tamisez la lumière, allumez des bougies, choisissez une musique propice. Assis en tailleur face à face, prenez le temps d'abord de vous relier à vous-même, puis à l'autre, par le regard, ou en posant votre main sur son cœur, par exemple. Puis choisissez conjointement votre encens. Ensuite, il n'y a rien d'autre à faire que de se laisser porter par les volutes sacrées, qui vous emmènent dans un autre espace-temps.

Quels encens choisir ? Bois de santal, vétiver, benjoin, bois d'agar, patchouli, rose, myrte, jasmin...

Rituels liés à la nature, aux êtres d'autres dimensions

Dédier un rituel aux esprits de la nature

Les esprits de la nature, aussi appelés « élémentaux », sont présents dans toutes les traditions du monde avec des dénominations diverses, mais des caractéristiques assez semblables (fées, gnomes, devas, elfes, nains...). Ces êtres visibles par certains d'entre nous résident dans d'autres plans, perceptibles par nos sens subtils. Ils sont par ailleurs reliés aux éléments : le feu, l'air, l'eau et la terre. En ces temps où la terre est en souffrance, remercier et soutenir à notre manière ceux qui œuvrent dans l'invisible peut être judicieux.

Pour vous relier à eux, rendez-vous dans un lieu de la nature qui vous inspire, et où vous serez tranquille. Cela peut être auprès d'un arbre, dans une clairière, aux abords d'un ruisseau... Laissez-vous inspirer par un lieu. Installez-vous confortablement, puis allumez votre encens en prenant soin de bien le sécuriser dans un récipient adapté. Prenez un instant pour vous relier à votre cœur. Une visualisation pourra vous y aider : imaginez par exemple qu'une fleur s'y trouve, et que celle-ci s'ouvre délicatement, diffusant avec tendresse son parfum délicat. Vous pouvez sinon imaginer une petite lumière dans votre cœur, qui grandit à chaque inspiration, jusqu'à englober toute la nature qui vous entoure, avec chacun de ses petits êtres.

Enfin, prenez un temps pour remercier intérieurement les esprits de la nature, pour tout ce à quoi ils œuvrent dans l'invisible, et pour tout ce qu'ils nous apportent. Si vous en sentez l'élan, pourquoi ne pas leur offrir un chant, une danse, ou les battements de votre tambour (si vous en possédez un) ?

Quels encens choisir ? Myrrhe, verveine, armoise, aiguilles de genévrier, écorces de chêne...

Célébrer les cycles de la lune

L'homme est relié à la lune, qui exerce sa fascination depuis l'aube de l'humanité. La lune est l'astre qui apporte la lumière dans l'obscurité. Mais si elle illumine la terre les nuits de pleine lune, elle replonge progressivement cette dernière dans le mystère de l'obscurité jusqu'à la nouvelle lune. Elle est un symbole du principe féminin, associé aux rythmes biologiques : astre qui croît, décroît et disparaît, dont la vie est soumise à la loi universelle de la naissance et de la mort.

Les nouvelles lunes, tout début d'un cycle lunaire, sont associées au renouveau, à l'éternel recommencement, elles sont l'opportunité d'un nouveau départ, d'actualiser nos rêves et désirs. Elles nous offrent aussi l'occasion de nous imprégner d'une énergie nouvelle et plus en phase avec nos aspirations profondes.

Les pleines lunes représentent un moment où l'énergie est à son apogée, et sont propices à la concrétisation des projets, aux célébrations. Elles sont en relation avec l'accomplissement, et la fin d'une étape. Célébrer ces temps forts avec des rituels permet de se relier aux cycles naturels, mais aussi de bénéficier de ces énergies condensées pour atteindre un objectif spécifique.

Rituel de pleine lune

Placez-vous de sorte à pouvoir être baigné de rayons lunaires, pourquoi pas à l'extérieur si le temps s'y prête. Si l'astre n'est pas visible, il suffit de l'imaginer, et de visualiser ses rayons vous caressant de leur lumière bienfaisante. Placez aussi un récipient rempli d'eau de source sous les rayons, qui captera cette énergie toute la nuit. On appelle cette préparation l'« eau de lune ». Allumez votre encens, puis notez ce que vous aimeriez voir se concrétiser dans votre vie, en prenant le temps de visualiser et de ressentir comment cela se manifesterait. Remerciez l'univers, avant d'aller vous coucher. Le lendemain, au réveil, buvez l'« eau de lune » en relisant la liste de tout ce qui se manifestera dans votre vie prochainement, avec foi et gratitude.

Rituel de nouvelle lune

La nouvelle lune peut aussi être l'occasion de soutenir vos rêves et vos désirs. Avant de manifester vos souhaits, prenez le temps d'une purification de votre corps énergétique et de la pièce avec les plantes appropriées (voir p. 141). Aérez abondamment les lieux, et ressentez que vous faites table rase du passé, et que vous repartez nourri d'énergies nouvelles. Faites consciemment le choix de mettre cette énergie à profit en mettant en place les actions nécessaires. Puis, en allumant l'encens de votre choix, continuez avec la rédaction de vos souhaits, qui peut se faire par écrit, à voix haute, ou intérieurement.

Quels encens choisir ?

- Plantes pour la pleine lune : élémi, camphre, cèdre, myrte, bois de santal...
- Plantes pour la nouvelle lune : romarin, labdanum, bois d'agar, nard, myrrhe, copal noir...

Se relier à son ange

Dans de nombreuses traditions, l'encens est considéré comme une porte menant aux plans subtils. Il peut, entre autres, vous permettre de vous relier à la guidance de vos anges, et, par exemple, de l'un de vos anges gardiens. Dans la tradition ésotérique, on considère que le premier ange gardien correspond au corps physique (élément terre), et qu'il guide le monde des actions*.

* Vous pourrez trouver son nom dans un calendrier selon votre jour de naissance, disponible sur ce site : https://www.ucm.center/fr/info/calendrier-angelique-1-plan-physique

Vous pouvez tout aussi bien demander à vous relier au « monde des anges », ou à l'« ange le plus à même » de vous apporter une guidance, concernant une question spécifique.

Avant de procéder à cela, assurez-vous que vous ne serez pas dérangé, et débranchez votre téléphone. Allumez, si vous le souhaitez, une bougie, ainsi que l'encens choisi. Installez-vous confortablement, et prenez le temps d'une méditation. Il peut s'agir tout simplement d'observer votre souffle, et de sentir le contact de votre corps au sol, ou sur une chaise... Une fois le calme installé, adressez-vous intérieurement ou à voix haute à votre interlocuteur, comme s'il était tout près de vous. Racontez-lui votre situation, votre problématique, les questions que vous vous posez, tout ce qui encombre votre esprit. Puis revenez au silence et au calme intérieur, et soyez attentif à ce qui émerge en vous : cela peut être des images, des couleurs, des sons, des mots... Peut-être obtiendrez-vous déjà quelques réponses à vos préoccupations. Si rien ne se présente, restez confiant, et profitez simplement du calme intérieur. Peut-être les réponses viendront-elles à vous en rêves les nuits suivantes, ou sous la forme de synchronicités.

Quels encens choisir ? Oliban, bois de santal, camphre, racines d'angélique, eucalyptus...

CRÉER SES PROPRES RITUELS

Vincent Lauvergne, alchimiste et enseignant en ésotérisme, partage quelques clés de compréhension autour de rituels, qui permettront à chacun de tisser sa propre voie et d'imaginer des protocoles personnalisés.
Le rituel est un processus complexe qui touche aux profondeurs de nos inconscients. Il est lié directement à notre culture et à nos croyances, et envoie son message à notre psyché en vue que celle-ci le réalise.
Il existe de nombreux rituels, divers et variés, dans toute sorte d'ouvrages de magie, mais saviez-vous que vous-même, dans votre vie de tous les jours, vous avez créé vos propres rituels qui vous permettent de cadrer votre journée et de vous sentir relié à vos racines ? Ces rituels se déclinent sous différentes formes : ce peut être le café du matin, à heure fixe, que l'on prend avec un grand verre d'eau. Ce peut être aussi le livre, dont on lit quelques pages pour s'endormir, ou la musique qui nous accompagne

lorsque l'on prend un bain. Toutes ces choses, répétitives à souhait, nous confortent dans un cocon imaginé par nous et pour nous-même. Et ce sont toutes ces petites choses mises bout à bout qui rendent nos vies plus confortables et plus agréables à vivre.

Un rituel se doit d'être exactement cela. Un acte répétitif ou ponctuel qui nous projettera dans une part de nous-même liée à notre imagination et à nos objectifs. Un contact absolu avec notre moi intérieur, qui nous permettra de dialoguer et d'amorcer le changement dont on a besoin dans nos vies.

Je n'aime pas les ouvrages qui donnent des rituels « clés en main ». Je pense qu'un rituel se construit sur la base de qui on est, de ce que l'on souhaite, ce qui fait que chaque rituel sera différent d'une personne à l'autre, d'une action à l'autre.

« Connais-toi toi-même », c'est la phrase qui dominait le fronton du temple de Delphes au seuil de l'initiation du nouveau candidat. Et à la fin de son parcours, le prêtre lui remettait le complément de cette phrase : « ... et tu connaîtras l'univers et les dieux. » C'est le secret de toutes magies pour agir : se connaître soi-même parfaitement pour agir sur ce qui nous entoure. Et, pour cela, le rituel est un merveilleux outil de communication avec notre for intérieur.

→

Ainsi, avant de réaliser votre rituel, apprenez à vous connaître, à savoir en quoi vous croyez, ce que vous attendez, et à définir clairement vos objectifs. Tout le reste n'est qu'enrobage, « pour plaire aux dieux ! ». Attachez-vous à vos ressentis dans le choix des éléments qui composeront votre rituel, et vous verrez toutes les portes s'ouvrir, car il n'est pas de meilleur rituel que celui que vous avez composé* !

* Plus d'informations : www.paracelse-remedies.fr

CONCLUSION

Ainsi se clôt cet ouvrage sur le merveilleux support holistique que sont les encens et les plantes de fumigation. Il faut à mon sens en retenir la richesse inouïe que nous offrent les végétaux, qui, notamment lorsqu'ils s'embrasent, nous accompagnent dans toutes les étapes de notre vie, nous permettent de nous relier dans la verticalité aux mondes subtils, et dans l'horizontalité à nous-mêmes et aux autres. Cheminer aux côtés de ce règne est le parcours d'une vie, et une voie d'humilité, car chaque essence offerte par la nature ne nous révélera ses secrets qu'à force d'une exploration et d'une écoute patiente et méticuleuse.

Les parfums laissent toujours des traces, dans l'histoire collective comme dans l'histoire personnelle. L'odorat a un pouvoir immédiat d'évocation, pénétrant nos mémoires et nous projetant dans un ailleurs insaisissable où se mêlent rêves et souvenirs. Les odeurs ont en outre la particularité de ne pouvoir être perçues de manière objective, pourtant, leur universalité ne les restreint à aucune langue. C'est là la force de l'encens : communiquer l'indicible de façon universelle.

Le chemin aux côtés des encens est une voie de créativité, de curiosité, parfois chaotique, toujours initiatique. Ils permettent une meilleure connaissance de soi et du monde, et apportent à nos quotidiens une présence invisible mais bel et bien soutenante. Puissent les encens et plantes de fumigation vous accompagner longtemps sur le chemin de votre croissance personnelle.

BIBLIOGRAPHIE ET AUTRES RESSOURCES

Susanne BERK, *Encens, usages, effets, rituels*, Macro Éditions, 2015.

Louise BOURDONNAT et Harumi KUSHIZAKI, *La Voie de l'encens*, Éditions Picquier, 2000.

Marilyn BRENTEGANI, *Plantes des Celtes*, Éditions Leduc, 2021.

Jean-Luc CARADEAU, *Usage des poudres et encens en magie et théurgie*, Éditions Alliance magique, 2015.

Jean CHEVALIER et Alain GHEERBRANT, *Dictionnaire des symboles*, Éditions Robert Laffont, coll. « Bouquins », 1997.

Scott CUNNINGHAM, *Le Livre complet sur l'encens, les huiles essentielles et les infusions,* Éditions Ada, 2011.

Suzanne FISCHER-RIZZI, *Le Guide de l'encens,* Éditions Alliance magique, 2022.

Daniel KIEFFER, *Encens et parfums thérapeutiques,* Éditions Grancher, 2019.

Vincent LAUVERGNE, *Traité des encens et des condensateurs fluidiques,* Éditions Trajectoire, 2018.

Gilles MATHIOT, *Arts de l'encens,* Éditions du Relié, 2001.

Théodore MONOD, *Botanique au pays de l'encens,* Éditions Amyris, 2002.

Séverine PERRON et Laura WENCKER, *Alchimie végétale,* Éditions Hoëbecke, 2019.

Éric-Pier SPERANDIO, *L'Encens : les recettes pour les préparer, les rituels pour les utiliser,* Éditions Québecor, 2002.

Anne RAFFIN, *Encens naturels, recettes à faire soi-même,* Rustica Éditions, 2020.

SITES INTERNET

Cueillette sauvage, utilisation des plantes

- **Cueilleurs sauvages :** cueilleurs-sauvages.ch
- **Le chemin de la nature :** lechemindelanature.com
- **Michel Rostalski :** instagram.com/lanaturebymichelrostalski
- **Althea Provence :** altheaprovence.com

Herboristerie, ethno-herboristerie, approche sacrée

- **Marilyn Brentegani :** herbaluna.org
- **Séverine Perron :** neesdelaterre.co

DOCUMENTAIRES

Aurélie AIMÉ et Nicolas BEAUCHAMP, *Plantes et magie, secrets de druidesses et d'alchimistes*, INREES TV, 2020.

L'encens, parfum des Dieux, documentaire Arte, 2009.

BOUTIQUES D'ENCENS, PLANTES DE FUMIGATIONS ET GRAINES

Voici une liste de boutiques réputées pour la qualité de leurs encens, dont le mérite des produits est susceptible d'évoluer au fil des années :

- **Aimée de Mars :** maisondemars.com
- **Les remèdes de Paracelse :** paracelse-remedies.fr
- **Parfums d'encens… par faim de sens (label Nature & Progrès) :** parfums-dencens.com
- **Arbor'Essences :** arboressences.org
- **Herboristerie du Valmont :** herboristerieduvalmont.com

- **Clairenature.com :** clairenature.com
- **Encens de qualité :** encens-de-qualite.com
- **Aromandise :** aromandise.com
- **Encens naturel et pur :** encens-naturel-et-pur.com
- **Nature & Découvertes :** natureetdecouvertes.com
- **Magic Garden Seeds :** magicgardenseeds.fr

REMERCIEMENTS

Merci à Gabriel Hagai, Vincent Lauvergne, Valérie Demars et Michaël Berthoud pour leurs précieux apports à cet ouvrage, et pour leur confiance.

TABLE DES MATIÈRES

Cet ouvrage est composé de matériaux issus de forêts gérées durablement certifiées PEFC™.
Le Programme de reconnaissance des certifications forestières (PEFC™) est le plus grand organisme mondial indépendant de contrôle pour une gestion durable des forêts.
Pour en savoir plus, consultez le site www.pefc-france.org

PEFC™ PEFC/14-38-00277

Achevé d'imprimer en avril 2022
par Novoprint
Dépôt légal : mai 2022
Imprimé en Slovaquie